# 지적자본론

知的資本論

知的資本論——
すべての企業が
デザイナー集団になる未来

모든 사람이
디자이너가 되는 미래

# 지적자본론

마스다 무네아키

이정환 옮김

**차례**

# 서장.

## 지적자본의 시대로

다케오시 시장 히와타시 게이스케와의 대화

대도시와 지방 도시의 격차가 날이 갈수록 벌어지고 있는 일본.
그런데 지방 도시라는 제약에도 불구하고 약 1년 동안,
100만 명 이상의 사람들이 이용한 지방 공공시설이 전국에 세 군데나 있다.
홋카이도(北海道) 아사히카와(旭川) 시(인구 약 35만 명)의
아사히야마 동물원. 이시카와(石川) 현 가나자와(金澤) 시(인구 약 46만 명)의
21세기 미술관. 그리고 또 하나가 사가 현 다케오 시에 위치한 다케오 시립 도서관이다.
다케오 시는 인구 5만 명 정도의 지방 자치 단체. 그곳에 아무도 생각하지 못했던
기적의 도서관을 만든 다케오 시 시장 히와타시 게이스케와 컬처 컨비니언스 클럽(CCC)
사장 마스다 무네아키는 지금 '맹우'(盟友)라고 부를 수 있을 정도로 강한 신뢰감으로
맺어져 있다. 그런 두 사람이 한 행사 자리에서 나눈 대화를 통해 새로운 시대의
'기획'의 의미를 해석해 보는 방식으로 이 책을 시작하고 싶다.

2014년 6월 28일,
가시와노하 오픈 이노베이션 랩(柏の葉 open innovation Lab)에서

지금부터 '기획'이라는 정신 활동의 정수를 그 분야의 전문가 히와타시 게이스케 씨와 마스다 무네아키 씨에게 들어 보고 싶습니다. 우선 여쭙고 싶은 것은 동일한 자료를 보고 동일한 문제의식을 가지고 있더라도 사람에 따라 기획 능력에 차이가 발생하는 이유는 무엇입니까?

**마스다** "간단히 말씀드리면, 제 경우엔 자신을 기획 없이는 살 수 없는 입장에 놓습니다. 따라서 기획을 '일의 일부'로만 받아들이는 사람과는 절박감의 강도가 전혀 다르지요."

　　　　두 분은 정론이 아닌 이단 같은 기획안을 내십니다.
　　　　어떻게 해야 여느 사람의 지평과 방향성이 다른
　　　　기획을 생각해 낼 수 있습니까?

　　**마스다** "이 또한 대답은 간단합니다. 고객의 입장에서
생각하면 되지요. 예를 들어, 상품을 주고받는 장소를
'賣場'(매장)이라고 불러서는 안 된다고 생각합니다. 이것은
판매자의 관점에서 바라보는 표현인데도 본인들은 그런 사실을
모릅니다. 소비자의 관점에서 본다면 그곳은 '賣場'(매장)이
아니라 '買場'(매장)이 되어야 하겠지요. 즉, '판매하는 장소'가
아니라 '매입하는 장소'가 되어야 한다는 말입니다. 다케오 시립
도서관이라면, 책을 대출해 주는 쪽의 논리가 아니라 도서관을
이용하는 다케오 시민인 아이들의 기분, 어머니의 마음,
어르신들의 생각을 고려해야 하는 것입니다."
　　**히와타시** "어떤 일이건 실제로 시도해 보면 95퍼센트는
실패합니다. 그러니까 어차피 모험을 할 바엔 성공할 수
있는 쪽, 언뜻 봐서는 있을 수 없을 것처럼 보이는 반대쪽, 즉
5퍼센트의 가능성에 거는 것입니다. 그리고 그 가능성을 최선을

다해 추구하는 것이 제가 생각하는 기획입니다. 실패만으로는 배울 수 없습니다. 성공을 해 봐야 배울 수 있지요."

**마스다** "히와타시 씨와 함께 일을 하면서 느낀 것은 직함이 시장이기는 하지만 마음만큼은 시장이 아니라는 점입니다. 시의 관리인이 아니라 시민의 대리인이라고 표현하는 것이 좋겠군요. 이런 체험을 하고 싶다, 이런 병원이 필요하다, 하고 생각하는 시민의 마음속으로 들어가 함께 손을 잡고 걸어가는 진실함이 있기에 다른 지방 자치 단체와는 다른 발상을 할 수 있고 매력적인 기획을 세울 수 있는 것이지요."

**히와타시** "한편 제가 마스다 씨를 보고 느낀 점을 말한다면, 말씀 중에 '고객 가치'—①라는 표현이 자주 등장한다는 것입니다. 저는 그것을 '시민 가치'로 바꾸어 보았지요. 제가 세우는 기획의 원천은 모두 거기에 있습니다."

# 고객 가치를 우선하라, 세계 최초를 추구하는 일의 공허함

'고객 가치'라는 말과 관련하여 말한다면, 나는 '세계 최초의 시도'라는 문구를 거의 믿지 않는다. 따라서 그런 문구를 쫓아다니거나 흉내 내는 일은 절대로 삼가야 한다.

대체로 그 말이 나타내는 것은 상품을 판매하는 쪽이나 서비스를 제공하는 쪽의 가치를 일방적으로 강요하는 데에 지나지 않기 때문이다.

고객의 입장에 서 보면 즉시 알 수 있다. 물론, 새로운 물건을 좋아하는 사람도 있고 누구보다 일찍 신상품이나 새로운 서비스를 손에 넣고 싶어 하는 사람도 있다. 그러나 대부분의 경우, 고객이 가치의 기준으로 삼는 것은 그것이 세계 최초인가, 하는 점보다는 자신에게 얼마나 쾌적한 것인가, 하는 점이다. '세계 최초'이지만 주변에 그 상품을 사용하는 사람이 없어서 사용 방법을 친구에게 물어볼 수도 없어 스스로 두꺼운 매뉴얼을 살펴보아야 하는 상황이 발생한다면 고객은 그것을 기쁘게 받아들일까. 그런 것을 고객 가치가 높은 상품이라고 말할 수 있을까?

'세계 최초의 서비스'라는 판촉 문구의 배후에는 '그렇기 때문에 어느 정도의 불편은 감수해야 한다.'라는 변명이 감춰져 있는 경우가 적잖다.

돌이켜 보면, 사람들에게 받아들여지지 않아 사라져 버린 '세계 최초'는 정말 많다. 그렇기 때문에 나는 CCC의 사원들에게 "'세계 최초'를 지향하지 말고 '고객 가치 최대화'를 지향하라."라고 말한다. '가장 우선해야 할 점'이 무엇인지, 그것을 오판해서는 안 된다.

'세계 최초'는 대부분 회의실에서 탄생한다는 데에 문제가 있다.

"사건은 회의실에서 발생하는 것이 아니다! 현장에서 발생하는 것이다!"라는 말은 영화 「춤추는 대수사선 THE MOVIE(踊る大搜査線 THE MOVIE)」에서 주인공 아오시마

슌사쿠가 뱉은 명대사이지만, 기획 세계에도 적용해 볼 수 있다. 회의실 의자에 앉아 "뭔가 새로운 것은 없을까?" 하고 생각하기 시작한 순간, 그곳에서 탄생하는 기획은 형해화(形骸化)하고 생명력을 잃는다. 현장, 즉 고객이 실제로 존재하는 장소에서, 고객의 입장에 서서 정말로 가치 있는 게 무엇인지를 생각할 수 있어야 힘 있는 기획을 만들어 낼 수 있다.

히와타시 시장은 그것을 실행에 옮겼다. 시장실 책상이 아니라 실제로 시민들이 존재하는 장소를 돌아다니며 시민들의 입장에서 볼 때 가치 있는 게 무엇인지를 생각했다. 이른바 머리가 아니라 발로 생각한 것이다. 그리고 '고객 가치'와 '시민 가치'가 등가로 맺어진 접점에서 다케오 시와 CCC는 연결되었고 CCC를 지정 관리자로 삼는 다케오 시립 도서관이 탄생했다.

'고객 가치'를 바탕으로 생각해 낸 새로운 기획은 시민들에게 큰 환영을 받았다. 다케오 시립 도서관은 달리 사례를 찾아보기 어려운 혁신적인 시도를 통해 탄생한 멋진 도서관이 됐다. 단, 한 가지 강조하고 싶은 것은 이 도서관이 시장과 시민이 부재한 상태에서 '전국 최초라는 말을 듣고 싶다.'라는 단순한 동기에 의해 계획된 것이 절대로 아니라는 점이다. 도서관에 모인 시민들의 활기가 그러한 사실을 무엇보다 잘 증명해 주고 있다.

　아직 다케오 시립 도서관을 방문해 보지 않았다면 반드시 한번 방문해 보기를 권한다. 시민들의 생생한 증언을 분명하게 들어볼 수 있을 테니까.

다음으로, '기획'과 '관리'의 관계에 관해 여쭙고
싶습니다. 예를 들어, 시장이라면 시청 직원을
관리해야 한다는 사명도 가지고 있을 것입니다.
그런 부분과, 시청을 자유로운 기획이나 발상을
낳을 수 있는 장소로 만든다는 시도는 서로
모순되지 않습니까?

**히와타시** "저는 보육원을 중퇴했고 초등학교 때 등교
거부를 했던 경험이 있습니다.(웃음) 따라서 관리하는 쪽의

심리와 관리받는 쪽의 감정을 모두 이해합니다. 조직을 운영할 때 관리는 당연히 필요합니다. 일반적인 상황에서는요. 단, 창조성이 필요한 상황에서는 '보고—연락—상담'은 금지합니다. 연락 따위는 필요 없습니다. '보고—연락—상담'을 했다고 해서 마치 일을 완수했다는 기분이 느껴져서는 안 되지요. 즉, 창조성이 필요한 상황에서는 관리 따위는 필요하지 않습니다."

　　**마스다** "우리 회사에서도 가장 중요하게 생각하고 있는 이념은 '자유'입니다. 그렇기 때문에 저도 사원들에게 기본적으로 보고를 요구하지 않습니다."—②

지
적
자
본
론

## 보고─연락─상담의 공죄

功罪

샐러리맨 중에 '보고─연락─상담'의 의미를 모르는 사람은 없을 것이다. 거의 모든 회사의 신입 사원들은 선배들로부터 '보고─연락─상담'이 일의 기본이라는 가르침을 받는다.

그러나 히와타시 시장도 말했듯 이것을 지나치게 강요하면 오히려 '보고─연락─상담'만 하면 일을 다한 것처럼 느끼는 사원을 양산하는 결과를 불러일으킬 우려가 높다. 이것은 그야말로 당찮다.

사람은 자칫 목적과 수단을 쉽게 착각하기 때문에 수단이 목적이 되어 버리는 경우를 흔히 찾아볼 수 있다. 사람이 일을 하는 근본적인 이유는 행복해지기 위해서일 것이다. 행복해지려면 어느 정도의 경제적 기반이 필요하다고 생각하기 때문에 일을 해서 돈을 벌려고 노력한다. 이 경우, 행복이 목적이고 금전은 수단이다. 하지만 시간이 지나면서 적잖은 사람들이 돈을 버는 것을 목적으로 착각해 버린다. 그리고 그 목적에 사로잡혀 피폐해지고 행복에서 점차 멀어져간다.

'보고―연락―상담'도 마찬가지다. '보고―연락―상담'은 일을 원활하게 진행하기 위한 수단에 지나지 않는다. 목적은 효과적인 기획을 낳는 것이지만 어느 틈엔가 그것이 역전되어 버린다. '보고―연락―상담'을 잘하는 것이 목적이라고 생각하는 사원은 정말 많다. 기획은 완전히 잊어버린다.

회사에 이런 사원들의 비율이 높아지면 생산성은 떨어진다. 언뜻 똑똑하게 보일지도 모르지만 이런 사원은 회사의 대들보를 위험하게 만드는 흰개미와 비슷한 존재다. 사람들이 수단과 목적을 착각하는 이유는 그쪽이 편하기 때문이다. 행복이 목적이라고 하지만 그 행복이 무엇인지에 관해 지속적으로 자문하고 고민하는 것은 매우 어렵고 힘든 일이다. 그래서 무의식중에 간단히 그 크기를 측정할 수 있는 금전 쪽으로 목적을 바꾸어 버리는 것이다.

그렇다면 기획을 생각해 내는 것과 '보고―연락―상담'

**지적자본론**

중에서 어느 쪽이 더 어려울까. 생각할 필요도 없이 기획이다. 그렇기 때문에 보다 쉬워 보이는 '보고—연락—상담'을 일의 목적으로 삼는 사원은 시간이 흐를수록 증가할 뿐 줄어들지 않는다.

그리고 이 도식은 '관리'와 '자유'에도 적용할 수 있다. 히와타시 시장과의 대화에서도 언급하겠지만 사실 자유롭게 존재한다는 것은 쉬운 일이 아니다. 어렵고 힘들다. 관리받는 쪽이 훨씬 편하다. 그래서 부지불식간에 자신의 자유를 내던지고 관리받는 길을 선택하려 하는데, 그런 사원들에게 진정한 기획 능력을 기대하기는 어렵다. 따라서 나는 사원들에게 자유를 요구한다. 사원들의 입장에서는 매우 어려운 길이지만 그 길의 끝에는 커다란 기쁨이 기다리고 있다는 사실을 확신하기 때문이다. 자신의 기획이 실현되었을 때의 감동은 그 정도로 거대한 것이다.

**히와타시** "자유라는 말의 정의가 변했다는 생각이 듭니다.
원래 '자유'는 마르크스 경제학에서 말하는 '부자유'의 반의로
조정(措定)된 것이지요. 따라서 부자유를 모르면 자유도 알
수 없습니다. 일본의 지방에 따라서는, 부자유는 '선택할 수
있는 권리를 행사할 수 없다.'라는 형태로 표현되기도 합니다.
즉, 선택의 여지가 매우 한정되어 있다는 뜻이지요. 이런
인식에서 무서운 점은 '선택의 여지가 적다.'라는 상황을 지방의
젊은이들이 전제 조건으로 수용해 버린다는 데에 있습니다.
그럴 경우, 부자유에 대한 자각이 아득해져 자유의 의미와

지적자본론

가치를 알 수 없게 됩니다. 그래서는 안 된다는 생각에 도서관 개혁을 생각해 낸 것입니다. 즉, 다케오 시립 도서관은 선택의 여지입니다. 시간이 남을 때에는 '도서관에 갈 수도 있다.'라는 선택의 여지가 탄생한 것이지요. 물론, 게임 센터에 가고 싶은 날이 있을 수 있고 편의점에서 시간을 보내는 날도 있을 수 있습니다. 하지만 도서관에 가는 일 또한 선택할 수 있다는 것입니다. 그것이 자유입니다. 이것은 지방에 따라 매우 큰 의미를 가진다고 생각합니다."

**마스다** "제가 보기에 히와타시 씨가 도입한 것은 '자유 영역의 확대'로 보입니다. 제가 생각하는 자유는 '하고 싶은 일을 할 수 있고 하고 싶지 않은 일은 그만둘 수 있다.'라는 것입니다. 밥 딜런(Bob Dylan)은 "아침에 잠에서 깨어 자신이 하고 싶은 일을 할 수 있는 사람이 성공한 사람이다."라는 말을 했지요. 예를 들어, 제가 히와타시 씨와 일을 하고 싶다고 생각했을 때 히와타시 씨에게 선택을 받는 것, 그것이 저의 입장에서의 성공일 것입니다. 따라서 저는 히와타시 씨에게 선택을 받기 위해 열심히 '노력'을 합니다. 약속한 내용은 반드시 지킵니다. 그래서 저의 꿈, '히와타시 씨와 일을 하고 싶다.'라는 꿈이 실현되는 것이지요. 그것이 자유이고 그것이 자립입니다. 꿈을 이룬다는 의미의

성공을 위해 노력할 수 있는 것이 <u>제가 생각하는 자유입니다.</u>
—③ 회사에서의 자유를, 취업 규정이 없는 것이라거나 복장이
편한 것이라는 식으로 생각하는 사람이 있다면 착각입니다.
그런 것들은 '자유'라는 단어를 적용시킬 가치가 없는
대상들이니까요."

# 자유의 진상

이 책의 제목을 『지적자본론』이라고 정한 이상, '자유'를 언급하지 않고는 글을 진행할 수 없다. 앞의 대화에서 히와타시 시장을 통해 『자본론』을 쓴 마르크스에게도 자유는 중요한 개념이었다는 사실을 배웠으니까.

'자유'는 사실 냉엄하다. 그것은 '하고 싶은 대로 내버려 둔다.'라는 의미가 아니다. 단순한 방종과 자유는 결정적으로 다른 위치에 존재한다.

독일의 철학자 칸트도, 자유는 의무와 밀접하게 연관되어 있다고 설명했다. 칸트는 우선, 인간과 동물을 구분하는 것이 무엇인지 생각했고, 이성이라는 결론에 이르렀다. 동물은 본능에 지배를 당하며 살아가기 때문에 눈앞에 바나나가 있으면 무조건 먹으려 한다. '먹지 않는다.'라는 선택의 여지는 처음부터 존재하지 않는다. 즉, 자유롭지 않다. 하지만 인간은 이성을 갖추면서 본능으로부터 자유로워졌기 때문에 바나나가 눈앞에 있어도 '먹지 않을' 수 있다. 그리고 그 바나나를 정물화의 모티프로 삼기도 한다. 선택의 여지가 발생하는 것이다.

본능이나 욕구에 현혹되지 않고 이성의 목소리에 귀를 기울이게 되면 자신이 무엇을 해야 하는지, 즉 무엇이 '의무'인지 자연스럽게 깨달을 수 있다. 그런 깨달음을 따르는 것이 자유다. 자신이 어떤 행동을 취해야 하는지, 무엇을 해야 하는지, 스스로 끊임없이 질문을 던지는 행위는 당연하면서도 어려운 일이다. 자유가 냉엄하다고 말하는 이유는 그런 의미에서다. 하지만 자신의 꿈에 다가가려면 자유로워져야 할 필요가 있다. 아니, 반드시 자유로워져야 한다. 나는 경험을 통해 그 사실을 잘 알고 있다.

어쨌든 기획을 세우려면 자유로워져야 한다. 관리받는 편안함에 젖어 있어서는 안 된다.

마지막으로, 지방과 도시의 미래 가능성에 관해
말씀해 주십시오.

**마스다** "지방과 도시는 기본적으로 현재와 같을 것입니다.
사람은 바뀌지 않겠지요. 단, 직감적으로 지방이 현재 상태로
있으면 위험하리라는 느낌은 듭니다. 히와타시 씨 같은 리더가
없으면 위험하지요. 당연한 말이지만 인구 감소라는 사실이
그런 예감의 바탕에 존재합니다. 결국, 미래 세계를 움직이는
것은 클라우드(cloud)의 원리입니다. 정보를 얼마나 병렬로

처리할 수 있는가, 하는 능력이 지역 간 경쟁에서 승패를 가를 것입니다. 그리고 지역의 입장에서 보면 사람의 두뇌가 연산 장치가 되겠지요. 이 장치가 줄어들 때 그것들을 적절하게 연결시키지 않으면 지역 전체의 동력은 떨어지고, 언젠가 소멸되어 버립니다. 히와타시 씨는 그 접속을 이루어 냈습니다. 다케오 시립 도서관은 두뇌의 연산 장치를 연결해 주는 장소로 기능하고 있지요. 인구 5만 명의 도시에서 13개월 만에 방문객 100만 명을 끌어모았다는 수치가 그 사실을 잘 증명해 주고 있습니다."

**히와타시** "단, 그런 내용을 말로만 설명하면 시민으로서는 이해하기 어렵습니다. 그래서 공간이 필요하지요. 편하게 머무를 수 있는 공간이 갖춰지면 사람들은 그곳에 모이고, 그런 결집이 구동력이 되어 창조성을 만들어 내니까요."

**마스다** "그렇습니다. 사실은 '편하다.'라는 단순한 감각—④ 이 매우 중요합니다. 인터넷을 통해 사람과 사람이 연결되는 사회에서 물리적인 장소에 사람을 모으려면 인터넷상에는 절대로 존재하지 않는 것을 의식적으로 도입하는 수밖에 없습니다. 그것은 바람이나 빛, 그리고 그것들이 만들어 내는 '편안함'이지요. '다이칸야마 츠타야서점'을 찾은 방문객 중 편안하다고 말하는 사람들이 적지 않습니다."

**히와타시** "'다이칸야마 츠타야서점'을 포함하는 '다이칸야마 T-SITE'를 보면 교토의 사찰 닌나지(仁和寺)와 비슷한 인상이 느껴집니다. 본당까지의 어프로치 같은 것 말입니다."

**마스다** "확실히 '다이칸야마 T-SITE'의 중심지는 산도(參道: 절이나 신사에 참배하기 위해 마련한 길. — 옮긴이)라고 말할 수 있지요. 그 산도가 중요합니다. 그리고 여기에서의 본당은 문화에 해당하겠지요. 사람이 영혼을 담아 만든 책, 영화, 음악. 그것들이 갖춰져 있습니다. 올림픽 등의 행사로 수많은 외국인들이 일본을 방문했을 때에 자랑스럽게 이 나라의 문화를 소개할 수 있는 장소, 공항이나 역 같은 일본의 현관에 해당하는 장소를 기획해 보고 싶습니다. 그런 생각을 하면 가슴이 설렙니다."

**히와타시** "그 전에 반드시 해야 하는 것이 선입관과의 싸움이지요. 도서관은 이렇다, 거리는 이렇다, 하는 선입관과의 싸움 말입니다."

**마스다** "그렇습니다. 컵 속의 벼룩 이야기와 같습니다. 컵에 뚜껑을 덮으면 벼룩은 뛰어오르지 못합니다. 그렇기 때문에 교육이 중요합니다. 개인의 잠재적 가능성을 저해하는 교육은 장차 절대로 통하지 않을 것입니다. 만약 그것이 통용된다면 기업도 딱딱한 틀에서 벗어날 수 없지요. 따라서 기획 역시 탄생할 수 없습니다. 이노베이션(innovation)이 일어나기 어렵고, 기획 능력이 부족한 기업들로 이뤄진 도시는 세계적 스케일의 도시 간 경쟁에서도 탈락하고 말 것입니다. 그런 이유에서 다케오 시가 도입한 교육 개혁—⑤은 훌륭하다고 생각합니다. 히와타시 씨는 늘 앞서 가시는 분이지요."

# 편안함의 이유, 휴먼 스케일

"'다이칸야마 츠타야서점'을 방문하면 마음이 편하다."라고 말씀해 주시는 고객이 적잖다. 그런데 그분들 대부분은, 왜 마음이 편한 것인지, 그 진정한 이유까지는 깨닫지 못하고 있는 듯하다.

'다이칸야마 츠타야서점'이 편안하게 느껴지는 이유는 건물이 좋아서가 아니다. 사실은 건물과 건물 사이의 공간이 중요하다. 건물과 건물의 거리, 그곳에 비쳐 드는 햇살과 그늘의 조화……. 즉, 풍경이다. 빛이 풍경을 만들어 낸다. 빛이 없으면 사람은 사물을 볼 수 없다. 그렇기 때문에 인식도 불가능하다.

사람에게 풍경을 느끼게 하는 것은 빛과 눈의 위치다.

거기에 가장 적합한 위치를 찾아내는 것이 건축가나 디자이너의
작업에서 제일 중요한 부분이다.

　'다이칸야마 츠타야서점'의 설계를 담당한 클라인 다이섬
아키텍처(Klein Dytham architecture: 영국의 건축가 부부인
아스트리드 클라인과 마크 다이섬이 운영하는 건축 사무소. ― 옮긴이)는
그처럼 가장 적합한 위치나 균형을 만들어 내는 것을 '휴먼
스케일'(human scale: 인간의 체격을 기준으로 한 척도. 인간의 자세,
동작, 감각에 입각한 단위다. ― 옮긴이)이라고 표현했다. 이 내용에
관해서는 뒷부분에서 좀 더 자세히 생각해 보기로 한다.

# 다케오 시의 교육 개혁

　　히와타시 시장은 츠타야서점의 구조를 그대로 도서관에
적용하고자 다케오 시립 도서관의 지정 관리자를 CCC로 정하고
CCC의 기획과 노하우를 도입하여 공공 도서관의 이노베이션을
실현해 보였는데 그가 지금 시내의 초등학교를 무대로 전개하는
교육 개혁도 이노베이션이라고 부를 수 있는, 그야말로 가슴이
설레는 작업이다.

　　우선, 민간 학원과 제휴하여 공영 학교 안에 학원의
노하우와 활기를 대담하게 도입해 교육 현장의 환경을 바꾸고,
나아가 아이들의 활력을 육성해 주려 한다. 지금까지의
공교육은 학원 등의 민간 교육 기관을 부차적인 시설로

내려다보는 경향이 있었지만, 다케오 시에서는 그런 의식을 버리고 학원의 교과 과정을 '모듈(module) 수업'으로 삼아 일상적으로 실시한다고 한다. 이 발상만으로도 가히 혁명적이다. 메이지 시대(1868~1912) 이후, 그 유효성에 대한 진지한 검토 없이 지속되어 온 공교육이 다케오 시에서는 확실하게 변하려 하고 있는 것이다.

더욱 놀라운 점은 시내 총 11개 초등학교의 아동 약 3000명에게 태블릿 단말기를 배포하여 수업에 활용하고 있다는 것이다. 2015년에는 5개 시립 중학교에도 배포할 예정이다. 전국에서 이뤄진 첫 시도다. 물론 히와타시 시장은, '전국 최초'라는 칭호를 듣고 싶어 이런 계획을 실현한 것이 아니다. 아이들에게 유익한 수업이란 어떤 것인지 진지하게 고민한 결과, '반전 수업'(反轉授業)에 이르렀고 그것을 효과적으로 실행하기 위해 태블릿을 배포하는 방법을 채택한 것이다.

지금까지 아이들의 학습 방법은 학교 수업을 통해 새로운 내용을 배우고 집으로 돌아가 그것을 복습하는 식이었다.

거기에 비해 반전 학습에서는, 새로운 내용을 각자 집에서 예습하고 학교 수업은 그것을 확인하고 정착시키는 장(場)으로 활용된다. 학습 방법의 반전이다. 아이들에게 단순히 '예습을 하라.'라고만 말하면 효과는 한정적일 수밖에 없다. 그래서 그

예습에 대한 흥미를 환기시키고 효율적으로 실행에 옮길 수 있는 도구로 태블릿을 이용하게 된 것이다.

'복습 중심'의 학습 방법은 혼자 공부할 수 있는 시간을, 학교에서 배운 지식을 되짚어 보는 데에 할애해야 하기 때문에 자발성을 환기시켜 주는 힘이 부족하다. 그것을 '예습 중심'의 패러다임으로 바꿔, 보다 자유롭고 발상 능력이 풍부한 아이들을 육성하려는 시도다.

이것은 틀림없이 지방을 변혁시킬 것이다. 한 지역은 그곳에 사는 사람들에 의해 성립되며, 아이들은 '미래의 인간'이기 때문이다. 즉, 지역의 미래를 담당하는 것은 성인이 아닌 아이들이다. 그 아이들의 자발성이 높아지면 지역 자체가 자유로운 장소로 변하지 않겠는가.

나는 히와타시 시장과의 대화에서, 도시의 잠재력을 높이려면 클라우드 발상이 필요하다고 말했다. 그것을 단순히 부연해 설명해 버리면, 당연히 인구가 많은 지역일수록 경쟁에서 유리하다는 결론만이 나온다. 하지만 다케오 시에서는 사람들 각자가 발상을 낳을 수 있는, 효율성을 높이는 방법으로 클라우드의 질을 높이려 하고 있다. 이 반전 학습이 정착되면 다케오 시는 몇 배나 더 많은 인구를 보유하고 있는 도시와 비교해 봐도 전혀 손색이 없는, 또는 그런 도시를 능가하는 발상 능력, 기획 능력을 지닌 지역으로 변모할 것이다. 다케오 시의 교육 개혁은 지역의 그랜드 디자인을 근본적으로 바꿀 힘을 갖추고 있다.

히와타시 시장의 '지역을 디자인하는 힘'은 그야말로 경이적이다. 그것을 곁에서 지켜볼 수 있었던 것만으로도 내게는 행운이었다. '디자인'이라는 주제에 관해 나름대로 생각을 정리할 수 있는 하나의 중요한 모티프가 되었기 때문이다.

다음 장에서는 이 '디자인'에 관해 이야기해 보기로 한다.

# 기
## 起
。

디자이너만이

살아남는다

"세상에 변하지 않는 것은 무엇인가.
아스카 강도 어제의 연못이 오늘은 여울이거늘."
『고킨슈(古今集)』에 나오는 시다.
그렇다, 시대는 바뀌고 사회는 움직인다.
비즈니스에서 항상 효과적인 표준은 존재하지 않는다.
중요한 자산이라 여기며 소중하게 보관해 두었던 것이
어느 순간, 경영을 압박하는 부채가 되는 경우도 있다.
또 자기 분야에서 집단을 따돌리며 독주하다가,
문득 정신을 차리고 보니 자신이 오히려 꼴찌로 내려앉아
꽁무니를 따라가는 것처럼 보이는 경우도 있다.
특히 현대 사회는 우리가 시대의 흐름을 얼마나 잘 읽는지
끊임없이 시험한다. 따라서 그런 감도가 결여되면
교조주의(dogmatism, 敎條主義)와 선입관을 낳게 된다.
그런 것들에 얽히는 순간, 조직의 구동 속도는 떨어진다.
추진력을 잃는다. 시대에 앞서는 기획을 제안해 온
마스다 무네아키는, 지금 어떤 시대적 인식을 가지고 있을까?
CCC의 비즈니스를 규정하는 시대상에 관해
마스다가 솔직하게 이야기한다.

## 01

지적자본론……. 이 제목을 기준으로 내가 지금까지 어떤 사고방식을 바탕으로 CCC를 경영해 왔는지, 그리고 앞으로 CCC를 어떤 모습으로 만들어 갈 생각인지 이야기하고 싶다.

가장 먼저 강조하고 싶은 점은 디자이너만이 살아남을 수 있다는 것이다.

그것이 해답이다. 따라서 기업은 모두 디자이너 집단이 되어야 한다. 그러지 못한 기업은 앞으로의 비즈니스에서 성공을 거둘 수 없다.

기업 활동의 본질은 창조다. 제조업에만 해당하는 이야기가 아니다. 유통업이라면 매장 공간을 창조해야 한다. 설사 그것이 매장을 소유하지 않는 인터넷 쇼핑몰이라 할지라도 사이버 공간에 상품을 진열할 수 있는 플랫폼을 구축해야 한다. 덧붙여, 유통업계에선 이니셔티브(initiative)를 세우고 개인 브랜드를 창조하는 흐름이 벌써 몇 년 전부터 강화되고 있다.

그렇게 만들어 내는 것이 기업의 이익을 낳는 상품이라면 디자인은 당연히 중요한 것이지 않은가. 누구나 아는 사실을 새삼스럽게 설명할 필요까지는 없지 않은가, 하고 생각하는 사람도 있을 것이다. 정말 그럴까. 제품에 부여되는 '디자인'의 의미가 급속도로 변하고 있는데도 그런 사실을 진지하게 자각하고 있는 사람은 많지 않다는 것이 나의 생각이다.

예를 들어, 보다 좋은 디자인을 추구한다는 점에서 흔히 '부가 가치를 높이기 위해'라는 표현을 사용하는 경우가 있다. 이른바 디플레이션 시대에는 저가격 경쟁에 휘말리지 않는 고부가 가치 상품을 만들어 내는 것이 중요하기 때문에 디자인 또한 중요하다는 식이다. 하지만 상품의 디자인을 '부가' 가치라고 포착하는 것 자체가 잘못된 인식이다. 그런 사고방식은 현실에서 동떨어져 있기 때문이다. 언뜻 꽤 그럴싸하게 들리는 표현이기는 하지만 그것은 이미 선입관에 사로잡혀 있는 표현이다.

부가 가치는 간단히 말하면 '덤'이다. 거기에는 상품의

본질적 가치가 아니라 그에 첨가된 가치라는 뉘앙스가 내포돼
있다. 하지만 이제 상품의 디자인은 결코 덤에 비유할 수 없는
요소로서 본질에 깊이 뿌리를 내리고 있는 본질적 가치다.

상품은 두 가지 요소로 구성되어 있다. 하나는 기능, 또
하나는 디자인이다. 어떤 상품이든 마찬가지다. 시험 삼아
유리잔을 예로 들어 보자. 액체를 담는 것이 기능이고, 손잡이가
없는 유리 제품이라는 것이 디자인이다. 약간 철학적인
이야기이지만 아리스토텔레스도 이와 비슷한 말을 했다.
고대 그리스 철학자 아리스토텔레스는 어떤 물건에 성질을
부여하는 것이 '형상'(形相)이고 그 물건의 소재는 '질료'(質料:
형식을 갖춤으로서 비로소 실체로 실현되는 소재. — 옮긴이)인데 이
둘은 분리될 수 없다고 말했다. 실제로, 현대 사회의 상품도
그 성질을 결정하는 기능과 외관을 구축하는 디자인은
불가분의 관계에 놓여 있으며 그중 어느 한쪽이 결여되어도
상품으로서 존재할 수 없다. 그런데도 '디자인은 부가 가치'라고
주장한다면, 물건의 이런 성립 관계에 관해 진지하게 생각해 본
적이 없는 사람이다.

또 하나, '앞으로 스스로 디자이너가 되지 않으면 살아남을
수 없다.'라는 위기감을 가질 수 없다면 시대적 흐름을 정확하게
인식하지 못하고 있는 사람이다. 디자인은 전문 디자이너에게

맡기면 된다는 식의 태도는 이제 통하지 않는다. 디자인이
상품의 본질인 이상, 거기에 직접적으로 관여하지 못하는
사람은 비즈니스에서 무용지물이다.

소비 사회는 가속도적으로 변화하고 있다. 그 변화를
현실적으로 받아들일 수 있는 감각을 갖춰야 효과적인
기획을 만들어 낼 수 있다. 그리고 그 감각은 대부분의 경우,
위기의식을 초래하고 그 위기감은 또 비즈니스를 전진시키는
구동력으로 작용한다.

이런 내용을 전제로, 그렇다면 우리는 지금 어떤 소비
사회에 살고 있는지 생각해 보자. 우선, 우리가 지금 존재하는
장소. 나는 그것을 '서드 스테이지'(third stage)라고 부른다.

## 02

내가 CEO를 맡고 있는 CCC는 기획 회사다. 우리가 하는
일은, 보다 효과적인 기획을 제안하는 방식으로 가치를 만들어
내는 것이다. 효과적인 기획이란 어떤 것일까. 기획의 유효성은
무엇으로 측정하는 것일까?

아무리 세련된 디자인을 지닌 유리잔이라고 해도 결국
'액체를 담는다.'라는 매우 단순한 기능을 지닌 물건이듯,
기획에 관한 이런 질문과 해답 역시 본질적으로는 매우
단순하다. 기획의 가치란 '그 기획이 고객 가치를 높일 수
있는가?'에 달려 있기 때문이다.

기획 회사 CCC의 대표적인 '작품'으로 많은 사람들이 머릿속에 떠올릴 수 있는 TSUTAYA를 예로 들어 보자. 그 특징 중의 하나로 꼽을 수 있는 것이 심야까지 운영하는 영업 실태다. 편의점이 흔한 요즘에는 이것이 특별한 영업 실태로 보이지 않을 수도 있지만 TSUTAYA가 일반인에게 인지되는 과정에 놓여 있던 창업 당시만 해도 많은 사람들의 눈에 상당히 참신한 시도로 비쳤다. 사실 '심야까지 영업을 하면 사람들의 눈에 띌 것이다.'라는 생각에서 이런 영업 실태를 선택한 것은 아니다. '영업시간을 늘리면 그만큼 이익이 증가할 것'이라고 생각했기 때문도 아니고, '심야까지 상점 문을 열고 노력하는 모습을 어필하고 싶다.'라는 계산 때문도 아니다. 다만 소비자의 입장에서, 심야에도 영상이나 음악 소프트웨어, 또는 서적 등을 구입하거나 빌릴 수 있으면 정말 편하겠다는 생각에서 시도한 것이다. 바꿔 말하면, 고객의 입장에서 가치가 높아질 것이라고 확신했기 때문이다.

그리고 고객 가치를 높일 수 있다면 영업적인 측면에서 어려움이 증가하더라도 그것을 극복해야 한다고 생각했다. 그런 사고를 바탕으로 탄생한 것이 TSUTAYA다. 오사카 부 히라카타 시에 TSUTAYA의 1호점인 '츠타야서점 히라카타점'을 개점한 때가 1983년이니 벌써 30년이 지났다. 하지만 '기획이란 고객 가치를 높이는 것'이라는 지극히 단순한 신념은 지금까지도 변함없다.

그런 '고객 가치'의 관점에서 소비 사회의 변화를 생각해 본다면 어떤 풍경이 보일까?

우선 소비 사회의 첫 단계, '퍼스트 스테이지'는 물건이 부족한 시대다. 이 경우, 고객의 입장에서는 상품 자체가 가치를 가지기 때문에 어떤 상품이든 용도만 충족하면 팔 수 있다. 일본을 예로 든다면 전후의 혼란기에서 고도성장기까지가 이 시대에 해당한다.

그러나 인프라가 정비되고 생산력이 신장되면 상품이 넘쳐 나는 시대가 찾아온다. '세컨드 스테이지'다. 이 시대는 용도만 갖춘 상품이면 무엇이든 팔 수 있는 목가적인 시대가 아니다. 가치의 축은 상품이지만 그것을 선택하기 위한 장소, 즉 플랫폼이 필요하다. 따라서 고객의 입장에서 볼 때, 보다 효과적인 플랫폼을 제공할 수 있는 존재가 높은 고객 가치를 창출하는 사람이 된다. TSUTAYA 역시 그중 하나에 해당하는 플랫폼이었을 것이다.

그리고 현재, 오늘날의 소비 사회는 더욱 진보하고 있다. 주위를 둘러보면 금세 알 수 있을 테지만 지금은 플랫폼이 넘친다. 인터넷상에도 수많은 플랫폼이 존재해 사람들은 시간과

장소에 조금도 구애받지 않고 소비 활동을 전개한다. 이것이
'서드 스테이지', 우리가 현재 생활하고 있는 시대다. 이미
수많은 플랫폼이 존재하고 있기 때문에 이제는 단순히 플랫폼을
제공하는 것만으로는 고객의 가치를 높일 수 없다. 그렇다면
어떻게 해야 할까?

## 03

'제안 능력'이 있어야 한다.

플랫폼은 수없이 많이 존재한다. 그러나 그것들은 단순히 '선택하는 장소'일 뿐, 플랫폼에서 실제로 선택을 수행하는 사람은 고객이다. 그렇다면, 플랫폼 다음으로 고객이 인정해 줄 만한 것은 '선택하는 기술'이 아닐까. 각각의 고객에게 높은 가치를 부여할 수 있는 상품을 찾아 주고, 선택해 주고, 제안해 주는 사람. 그것이 서드 스테이지에서는 매우 중요한 고객 가치를 낳을 수 있으며 경쟁에서 우위에 설 수 있게 해 주는 자원이다.

그렇기 때문에 '디자인'이 중요하다.

디자인은 가시화하는 행위이기 때문이다. 즉 머릿속에 존재하는 이념이나 생각에 형태를 부여하여 고객 앞에 제안하는 작업이 디자인이다. '디자인'은 결국 '제안'과 같은 말이다.

퍼스트 스테이지에서 상품은 용도만 충족하면 되었다. 즉, 기능만 충족하면 상품으로서 성립될 수 있었다. 유리잔은 액체를 담을 수 있으면 그만이었기 때문에 디자인까지 고려할 필요가 없었다. 그 뒤를 이은 세컨드 스테이지에서도 선택을 하는 사람은 고객 자신이니까 '디자인은 부가 가치'라는 식으로 표현할 수 있었다.

그러나 지금 우리가 생활하는 장소는 서드 스테이지, 제안 능력이 있어야 하는 시대다. 제안은 가시화될 때 비로소 의미를 가진다. 디자인, 그러니까 제안을 가시화하는 능력이 없다면, 또 디자이너가 되지 못하면 고객 가치를 높이기는 어렵다.

우수한 디자인은 라이프 스타일에 관한 제안을 내포하고, 표현까지 되어 있는 것이다. 예를 들어, 밀봉성이 높은 세련된 텀블러글라스라면 그것을 선택한 사람에게 아웃도어 라이프를 즐기는 계기를 만들어 줄 수 있어야 하고, 섬세한 의장이 들어간 와인글라스라면 때때로 양질의 와인을 즐길 수 있는 여유를 가지라는 메시지를 전달할 수 있어야 한다. 바로 이러한 라이프 스타일에 관한 제안이야말로 기획 회사가 완수해야 할 역할이다. CCC의 중심적 철학은 앞에서 예로 든 '고객 가치'와 이 '라이프 스타일 제안'이라는 두 가지 단순한 키워드로 요약된다.

　다시 TSUTAYA를 예로 들면, 나는 지난 30년 동안 TSUTAYA의 상품이 DVD나 CD(초기 단계에서 그것은 비디오테이프나 레코드였지만), 또는 책이나 잡지라고 생각한 적은 한 번도 없다. 눈에 보이는 그런 단순한 상품이 아니라 각 상품의 내면에 표현되어 있는 라이프 스타일을 고객에게 제공하는 것이야말로 진정한 상품이라고 생각해 왔다.

　즉, 수많은 영화나 음악, 서적에서 설명하고 있는 라이프 스타일. 그것이 TSUTAYA가 판매하는 진정한 상품이라는 사고방식을 갖추고 있었기 때문에 렌털(rental)이라는 형태도 생각해 내게 된 것이다. 각각의 구체적인 상품이 아닌 거기에 표현되어 있는 제안이 상품이니까, 굳이 그 상품을 구입하게 할 필요는 없다. 그 제안 내용을 이해하는 데 필요한 시간에 대한 대가만 받으면 된다. 동시에 DVD(비디오테이프), CD(레코드), 서적을 하나의 매장에서 모두 취급하도록 했다. 그것들이 모두 라이프 스타일을 제안하는 것이라면 어느 것 하나 결여되어서는 안 된다고 생각했기 때문이다.

하지만 TSUTAYA를 창업할 당시에는 단순히 이런 삼위일체의 매장을 만들려 한다는 것만으로도 이단아 취급을 받았다. 그 세 가지 품목은 유통 경로가 각기 다르고 이른바 '도매상'도 다르기 때문이다. 그런 이유에서 TSUTAYA 이전에는 레코드 상점과 서점은 전혀 다른 상점이었고 두 가지 물건을 함께 취급하는 경우도 없었다.

　　그러나 이것이야말로 고객 가치를 완전히 무시한, 유통하는 쪽의 형편만 생각하는 독단적인 구별이다. 예를 들어, 하드보일드 영화의 팬이라면 레이먼드 챈들러의 소설도 좋아할 것이다. 그리고 그 주인공이 좋아하는 차분한 느낌의 재즈를 듣고 싶어 할지도 모른다. 그렇다면 하나의 상점에서 그것들을 모두 구입할 수 있도록 해야 한다. 고객 가치를 첫째로 생각한다면 필연적으로 도출되는 정답이다. 나는 이 업무 형태를 MPS(멀티 패키지 스토어)라고 불렀고, 사람들에게 이단아 취급을 받고 백안시당하면서도 이것만큼은 절대로 양보할 수 없는 마지노선이라 생각하며 지켜 냈다. 그리고 이 사고방식은 2011년 연말에 개점한 '다이칸야마 츠타야서점'까지 이어져 왔다.

　　이것 역시 디자인이다. '라이프 스타일 제안'이라는 이념을 MPS라는 형태로 가시화하는 작업. 눈에 보이지 않는

것에 형태를 부여한다는, 그야말로 디자인의 본질을 이끌어
내는 여정이다. 그리고 이것은 당연히 지적 활동이다. 그렇기
때문에 앞에서 예로 든 '모든 기업은 디자이너 집단이 되어야
한다.'라는 테제에는, 장차 기업에 그런 지적인 작업을 실행하기
위한 환경이 얼마나 잘 갖추어져 있는가 하는 점이 매우
중요하다는 내용이 암시돼 있다.

　지금까지 기업을 성립시키는 기반은 재무자본이었다.
퍼스트 스테이지나 세컨드 스테이지에서는 '자본'이 당연히
중요하다. 충분한 상품과 플랫폼을 만들려면 '자본'이 필요하기
때문이다. 그런데 소비 사회가 변하면 기업의 기반도 바뀌지
않을 수 없다. 아무리 돈이 많아도 그것만으로는 '제안'을
창출해 낼 수 없기 때문이다. 그렇다, 앞으로 필요한 것은
'지적자본'이다. 지적자본이 얼마나 축적되어 있는가, 하는 것이
그 회사의 사활을 결정한다.

　재무자본에서 지적자본으로. 그런 이유에서 나는 이 책의
제목을 『지적자본론』으로 정했다.

# 04

디자인의 시대. 또는 지적자본의 시대.

2020년에 개최되는 도쿄 올림픽은 디자인의 시대, 지적자본의 시대가 다가오고 있다는 사실을 현실적으로 보여 주는 커다란 계기가 될 것이다. 도쿄는 2020년을 전환점으로 삼아 거대한 디자인 센터가 될 것이다. 이 예견은, 역사를 돌이켜 보면 이해할 수 있다.

지금부터 약 반세기 전에도 도쿄는 하계 올림픽 개최 도시로 선정되었고, 그것이 도쿄의 인프라를 비약적으로 증가시켰다. 도카이도 신칸센, 슈토 고속 도로……. 일본 최초의 고층

빌딩인 '호텔 뉴 오타니'도 당시 올림픽 때문에 건설되었다.
놀랍게도, 그때의 건축 기준법으로는 『니혼쇼키』(日本書紀:
일본 나라 시대에 이루어진 일본의 역사서. — 옮긴이)에 기록된
이즈모타이샤(出雲大社)보다 높은 건축물을 건설할 수 없었다.
즉, 지난 도쿄 올림픽이야말로 도쿄를 진정한 의미의 현대
도시로 변모시킨 것이다. 도쿄는 이른바, 올림픽의 유산을
활용하여 그 후로 이어진 반세기를 살아왔다.

따라서 당시에 조성된 것들이 현재에 이르기까지 도쿄의,
아니 어쩌면 일본의 성격을 결정했다고 말할 수 있다. 그리고
2020년에 개최될 두 번째 도쿄 올림픽 때에도 그와 비슷한
현상이 일어날 것이다. 앞으로 반세기의 방향을 결정할 변화가
지금부터 몇 년 안에 도쿄와 일본에서 나타난다는 뜻이다.

첫 번째와 두 번째 변화의 질은 자연스럽게 달라진다.
반세기 전을 돌이켜 보면, 그 시기에 조성된 것들의 공통점은
막대한 양의 철근과 콘크리트를 이용해 형태를 조성한
구조물이었다는 것이다. 그러나 지금 만들려 하는 대상들은
다르다. 현재 주경기장인 국립 경기장 건설 계획을 둘러싸고
논쟁이 일고 있는데 그 쟁점이 다름 아닌 '디자인'이라는
사실은 매우 상징적이다. 앞서 '상품의 디자인은 라이프 스타일
제안을 가시화한 것'이라고 설명했는데, 새롭게 조성되는

국립 경기장의 디자인에는 도쿄라는 도시의 철학이 표현된다. 이번 논쟁의 발단은 막대한 건설 비용에 있다지만, 수많은 건축가들이 머리를 맞대고 디자인에 몰두하는 이유는 바로 그런 인식, 또는 예감이 사람들 사이에 공유되고 있기 때문이다. 즉, 이번 올림픽에 대비해 만들어지는 것들은 모두 '디자인'이 주제다.

그렇기 때문에 이제는 도시에 클라우드 발상을 도입해야 한다. 각 도시에서 동시에 병행적으로 발생하는 가시화된 제안을 서로 연결해 도시 전체의 힘을 구성해 가는 구조. 이제 도시는 그 구조를 실현하기 위한 장소를 만들어 낼 수 있어야 한다. 디자이너들이 서로 격려하면서 하나의 미래상을 향해 창조성을 마음껏 발휘할 수 있는 장소가 준비되어 있는가, 하는 것이 도시의 부침과 직결되는 시대이기 때문이다.

더 나아가 기업이라는 존재도 그러한 도시의 미래상과 비슷하다. 지금까지의 기업은 본질적으로 직렬형 조직이었다. '톱 다운', '바텀 업'이라는 말이 있지만 결국 상사와 부하가 수직으로 연결되어 있고 그 라인을 통해 정보가 오간다. 그 때문에 '보고—연락—상담'이 강조되었다.

하지만 디자이너 집단이 되어야 하는 미래의 기업에는 그런 직렬형 조직은 어울리지 않는다. 시간 낭비가 지나치게 클 뿐

아니라, 디자인 감각은 상하 관계를 통해 단련되는 것이
아니기 때문이다. 커다란 조직을 효율적으로 운영하는 데에는
직렬형이 효과적이었을지 모르지만 디자인 시대에도 그런
방식이 제 기능을 다할 수 있을지, 세밀하게 검증해 보아야
한다.

이 부분에 대한 나의 생각은 뒤에서 설명하기로 한다.

중요한 점은, 직렬형 조직보다 클라우드적 발상에 근거한
병렬형 조직 쪽이 앞으로는 보다 효과적일 가능성이 높다는
것이다. 이것은 '재무자본에서 지적자본으로'라는 시대적
흐름과도 겹친다.

반세기 전, 일본의 미래를 창조해 낸 것은 철근과
콘크리트였다. 철근과 콘크리트를 손에 넣으려면 자본이
중요했다. 하지만 앞으로 일본을 창조해 낼 것은 디자인이고
여기에 필요한 것은 지성이다.

도쿄의 두 번째 올림픽은 이미 그 지성을 필요로 하는
시점에 이르러 있다.

## 05

　여기에서, 이 책의 제목에 관해 다시 한 번 설명해 두기로 한다.

　이 책의 내용은 지금까지 중요하게 생각해 온 자본, 즉 재무자본의 대소가 기업 활동의 성패를 결정하는 시대는 지나갔고 사내에 '지적자본'이 어느 정도 축적되어 있으며 얼마나 발휘될 수 있는가, 하는 것이 기업의 추진력을 좌우하는 시대가 될 것이라는 예견에 바탕을 두고 있다. 그래서 '지적자본'이 어떤 것인지 생각하기 위해『지적자본론』이라는 제목을 붙인 것일 뿐, 마르크스와 엥겔스가 남긴『자본론』

해설서는 절대로 아니다. 만약 학교에 제출할 마르크스에 관한 리포트를 작성하기 위해 이 책을 참고 자료로 읽고 있는 학생이 있다면 이 자리를 빌려 사과드린다. 그런 과제에 도움이 될 내용은 없으니까.(단, 학교 과제가 아니라 업무에 관해 좀 더 실천적으로 생각해 보고 싶을 때에는 어느 정도 도움이 될지도 모른다.)

마침 마르크스라는 이름이 나왔으니까 하나의 전제로서 그에 관해 잠깐 언급해 두고 싶다.

『자본론』의 기초가 되는 것은 유물 사관이다. 사회는 생산력과 생산관계로 이루어진 '하부 구조'와, 그 위에 구축된 이데올로기 등의 '상부 구조'로 구성되어 있는데 하부 구조가 상부 구조에 앞서 존재하기 때문에 상부 구조는 하부 구조에 의해 규정된다. 냉정하게 표현한다면, 아무리 고상한 사상이나 예술도 기본적으로는 경제라는 금전 세계의 형편에 따라 좌우된다고 말할 수 있다. 그리고 상부 구조의 사상은 한 번 형성되면 변하기 어려운 성격을 가지고 있다. 현대 사회를 둘러봐도, 주가는 매일 요동치며 적잖은 사람들을 일희일비하게 만들지만 정치 체제가 매일 바뀌지는 않는다.

이것은 하부 구조 안에서도 마찬가지로, 생산력은 매일 진보하는 데에 비해 생산 관계는 고정되기 쉽다. 10년 전과 비교해 보면 공작 기계의 성능이 향상되어 공장에서의 생산

효율성이 눈에 띄게 향상되었지만 작업 방식은 크게 바뀌지 않았다. 10년 전이나 지금이나 샐러리맨의 정신은 거의 바뀌지 않은 것이다.

여기에서 알력이 발생한다. 비유적으로 말하면 지진 같은 것이다. 일본 근해에서 발생하는 대부분의 지진도 아래쪽으로 들어가기 위해 움직이는 플레이트와 그 위로 올라가려는 플레이트 사이에서 만들어지는 뒤틀림 때문에 일어난다. 이런 식으로 알력이나 뒤틀림이 격해지면 그것을 단번에 원래의 안정된 상태로 되돌리려는 힘이 발생하는데, 사회 구조 안에서 발생하는 이러한 지진이 바로 혁명이다.

이상의 내용은 나만의 해석이기는 하지만 여기에 중요한 힌트가 있다. 유물 사관의 구조에 적용해 생각하면 기획 회사는 우리가 사는 현대 사회에서 하부 구조로 규정되어 있지만, 시대적 변화에 대응하지 못하여 고정화되기 쉬운 상부 구조에 변혁을 유도할 수 있는 디자인을 제시해야 한다. 그래야만 그것이야말로 우리가 해야 할 일이라는 발상을 얻을 수 있기 때문이다.

IT 혁명이 일면서 통신 인프라는 비약적인 진화를 이루었고 그것을 통한 생산력과 생산성도 증가하고 있다. 그러나 그것이 우리의 라이프 스타일에 끼치는 영향은, 그 변화가 본래 갖추고 있는 위력에 비춰 본다면 지극히 한정적인 범위에 머물러 있다. 출퇴근 때나 통학하며 전철 안에서 말없이 스마트폰을 들여다보는 사람들의 모습. 물론, 이런 풍경은 게임 제작자들의 끊임없는 노력이 낳은 것이고 그들의 재능에는 경의를 표하지만, 동시에 이것만 가지고 IT 혁명의 성과라고 받아들이기에는 역동성이 너무 결여돼 있는 듯한 느낌이 든다.

이것이 IT 혁명의 도달점일 리 없다. 변혁은 현재, 어디까지나 과정에 놓여 있으며 앞으로 더욱 깊고 넓게 침투해 갈 것이다. 그 가능성을 하나하나 가시화하고 디자인으로서 제시하는 것. 그것이 기획 회사의 사명이며, 그렇기 때문에 우리는 디자이너 집단이 되어야 한다.

다음 장 이후부터는 보다 구체적으로, 우리가 지금 어떤 분야에서 어떤 변혁, 즉 이노베이션을 일으키려 하는지에 대해 설명해 보기로 한다.

장래의 비즈니스 사회에서는 디자이너만이 살아남을 수 있다.

지금까지, 앞에서 소개한 이 테제의 참뜻을 설명해 왔다. 물론, 비즈니스맨(경영자이든 직장인이든) 각자에게 미술 대학이나 전문학교에 들어가 디자인을 공부하라는 말은 아니다.

그와 동시에, 단순히 비유적인 의미에서 이 테제를 사용한 것도
아니다. 앞으로 비즈니스맨에게 제품 디자인 등에 관한 감각은
빼놓을 수 없는 요소가 될 것이다. 따라서 디자인을 음미하고
곱씹어 볼 수 있을 정도의 능력을 갖추기 위한 노력을 쏟아야
한다.

　이렇게 말하는 필자는 자동차 디자인에 관해서는 제법
전문가 수준이라고 자부하고 있고 인테리어 디자인 분야에
있어서도 그 흐름이나 경향을 대략적으로 파악하고 있다. 그런
수준에 오르기 위해 나름대로 노력을 했고 투자도 해 왔다.
단, 그것이 주변 사람들의 눈에는 '취미'로 비치는 듯하다. 나를
'자동차'나 '예술'에 빠진 아저씨로 보는 사람도 있지만 사실
이것은 취미라고 표현할 수 있을 정도의 여유 있는 활동이
아니며 이른바 절박감을 느끼고 최선을 다해 매달리는, 살기
위한 몸부림이다. '취미'라는 말에는 어딘가 달관한 듯한 울림이
있는데, 대체 언제쯤 그런 여유 있는 마음을 가질 수 있을지,
현재의 나로서는 도저히 예상할 수 없다. 우아하게 보이는
백조도 수면 아래에서는 필사적으로 발을 놀린다고 하는데,
때로는 나도 그와 비슷한 존재라는 느낌이 들 때가 있다.

# 승
## 承.

책이

혁명을 일으킨다

오늘날 TSUTAYA는 DVD와 CD를 대여하는 곳이라는 이미지가 강하지만
1983년에 마스다 무네아키가 개점한 첫 매장에는 '츠타야서점
히라카타점'이라는 이름이 붙었다. 영화 · 음악 · 서적이라는 삼위일체의
멀티 패키지 스토어(MPS)를 표방해 온 마스다이지만 서적에 쏟아붓는
열정은 유난히 뜨겁다. 그렇기 때문에 '출판 불황'이라는 한숨이 끊이지 않는
오늘날에도 책이 지닌 힘에 대한 신뢰는 흔들리지 않고 있다.
책의 잠재력을 통해 마스다는 어떤 이노베이션을 창출하려는 것일까?
이번 장에서는 책이 존재하는 두 장소, 즉 서점과 도서관에 관해
마스다가 이루어 낸, 그야말로 '혁명'이라고도 말할 수 있는 사상에 대한
경위와 진가를 이야기해 보기로 한다. 연간 서적 · 잡지 매출에서
전국 서점 중 선두에 선 TSUTAYA를 이끄는 마스다를 통해 확인할 수 있는 책의 위력.
그것은 지역 사회를 바꿀 수 있을 정도의 강한 잠재력을 지니고 있다.

## 06

앞에서, 기획은『자본론』에서 말하는 상부 구조에
이노베이션을 일으키는 것이라고 설명했다. 그리고 현재 우리가
비즈니스를 전개하고 있는 소비 사회는 '서드 스테이지'라고
표현했다. 상품을 선택하는 장소인 플랫폼이 남아도는
시대라고.

그렇다면 지금부터 우리가 세워야 할 기획의 내용은
무엇인지 자연스럽게 답이 나온다. 이 두 가지 테제의 교차점을
향해 나아가는 것이다. 즉, 플랫폼을 개혁하는 것이다.

구체적으로 설명하면, 기획 회사 CCC는 지금 네 가지

플랫폼의 이노베이션에 착수하려 하고 있다. 서점, 도서관, 상업 시설, 그리고 가전제품이다. 여기에서는 우선 서점의 이노베이션에 관해 이야기하기로 한다. 내가 1983년에 문을 연 TSUTAYA 1호점에 해당하는 것이 '츠타야서점 히라카타점'이다. 이때 '서점'이라는 명칭을 사용한 일도있기에, 아무래도 이 분야가 CCC의 원점인 듯한 느낌이 들기 때문이다.

원래 '츠타야서점 히라카타점'을 통상적인 의미에서의 서점이라고 생각한 적은 한 번도 없었다. 어디까지나 비디오테이프와 레코드와 서적이 삼위일체를 이룬 MPS라는 새로운 장르를 기획, 실현한 것이다. 단, 당시에는 비디오테이프를 취급하는 상점이라고 하면 성인용 비디오테이프 상점이라는 이미지가 강해 그것을 불식시키겠다는 의도에서 가게 이름에 '서점'이라는 단어를 붙이겠다고 생각을 했을 뿐이다.

덧붙여 '츠타야'는 우리 할아버지가 운영했던 가게 이름에서 유래한다. 할아버지는 본래 토건업자였지만, 더불어 유흥 주점도 운영했다. 바로 그 술집 이름이 '츠타야'였는데, 왠지 그 고풍스러운 울림이 마음에 들어 '츠타야서점'이라는 명칭을 사용하게 됐다.

그렇게 출발한 '츠타야서점'은 비로소 2011년에. 창업 이후 줄곧 배양해 온 나의 철학을 집대성했다고 말할 수 있는

공간으로서 새로 태어났다. 바로 도쿄 도 시부야 구에 개점한
'다이칸야마 츠타야서점' 말이다.

내가 이 서점의 기획안을 내놓았을 때, 주변 사람들
대부분은 회의적인 눈길을 보냈다. 그 시선의 저변에는 '서점'에
대한 회의가 짙게 깔려 있었다. 나는 이 기획을 실현하기 위해
다이칸야마에 4000평 정도에 이르는 부지를 마련했는데, '출판
불황'이나 '활자 이탈'이라는 말이 나돌고 있는 상황에서 그렇게
거대한 서점을 출점해 성공을 거둘 리 없다는, 그런 시선을
받았다.

하지만 나는 그렇게 생각하지 않았다. 플랫폼이 넘쳐 나는
서드 스테이지에서 사람들은 '제안'을 원한다. 서적이나 잡지는
그 한 권, 한 권이 그야말로 제안 덩어리다. 그것을 팔 수 없다면
판매하는 쪽에 문제가 있는 것이 아닐까?

만약 그렇다면 그 문제는 무엇일까. 그런 생각을 하는 동안,
한 가지 해답을 얻게 되었다. 한마디로 표현하면, 서점은 서적을
판매하기 때문에 안 되는 것이라는 결론이었다.

이게 무슨 말이냐고 화를 낼지도 모른다. 서적이 제안
덩어리라면, 그것을 판매하는 것이 당연하지 않느냐고. 그리고
서점은 서적을 판매하는 상점인데 만약 서적을 판매하기 때문에
장사가 안 되는 것이라면 서점 사업은 역시 사양 산업이지

않느냐고.

그렇지 않다. 고객에게 가치가 있는 것은 서적이라는
물건이 아니라 그 안에 풍부하게 들어 있는 제안이다. 따라서 그
서적에 쓰여 있는 제안을 판매해야 한다. 그런데 그런 부분은
깡그리 무시하고 서적 그 자체를 판매하려 하기 때문에 '서점의
위기'라는 사태를 불러오게 된 것이다.

서점 내부의 정경을 머릿속에 떠올려 보자. 매장으로
들어가면 가장 눈에 띄는 장소에 설치된 '매대'에 갓 출간된
잡지들이 쌓여 있다. 그 앞에는 신간 단행본 등이 진열되어
있고 더 안쪽에 출판사별로 분류된 문고본 책장과 신서 책장이
위치해 있다. 여행 가이드북과 참고서, 사전, 만화 등은 또 다른
공간에 놓여 있다.

이것이 기성 서점이 일반적으로 매장을 구성하는 방식인데,
이상하다는 생각이 들지 않는가. 예를 들어, 긴 휴가를 앞두고
유럽으로 여행을 갈 계획을 세웠다고 하자. 그럼 어느 코너로
가야 할까. 서점 안쪽의 여행 가이드북이 진열되어 있는
코너일까. 그런데 신간 잡지에도 프랑스나 이탈리아 지역이
특집으로 다뤄졌을지 모른다. 아니, 유럽을 무대로 삼은 소설도
참고가 될 수 있다. 그렇다면 문고본이 진열되어 있는 책장으로
가야 할까? 만약 해당 지역의 문화적 배경을 해설해 놓은 책을

찾는다면 신서가 진열된 서가도 한 번쯤 살펴보아야 할 것이다.

즉, 서점의 매장은 고객을 우선적으로 생각해 구성된 것이 아니라는 말이다. 잡지, 단행본, 문고본 등의 분류는 어디까지나 유통을 하는 쪽의 입장에서 이뤄진 분류다. 유통 과정에서 정해진 그런 분류를 매장에 그대로 도입하는 이유는 고객의 욕구를 돌아보지 않기 때문이다. 그곳은 단순히 판매를 하는 '판매 장소'일 뿐 구입을 하는 '구입 장소'가 아닌 것이다. 정작 주역이어야 할 고객이 존재하지 않는, 열기가 식은 공간을 만들어 놓고 '책이나 잡지가 팔리지 않는다.'라고 한탄하는 것은 착각이다.

그래서 CCC는 책의 형태 등에 따른 분류가 아니라 그 제안 내용에 따른 분류로 서점 공간을 재구축했다. 이것이 서점의 이노베이션이다. 지금 '다이칸야마 츠타야서점'을 방문해 보면 그곳은 여행, 음식과 요리, 인문과 문학, 디자인과 건축, 아트, 자동차…… 라는 식으로 장르에 따라 구분이 되어 있고 그 안에서도 내용이 가까운 것들끼리 단행본이든 문고본이든 틀을 넘어 횡단적으로 진열되어 있다. 그렇기 때문에 이곳을 방문한 고객은 "유럽을 여행한다면 이런 문화를 접해 보는 것이 어떻겠습니까?"라거나 "건강을 생각한다면 매일의 식사를 이런 식으로 만들어 보는 것이 어떻겠습니까?"라는 제안을 받게 된다.

　잡지나 서적의 유통을 잘 모르는 사람의 입장에서 보면, "뭐야, 서점의 이노베이션이라는 것이 그렇게 단순한 것이었어?" 하고 생각할지도 모른다. 그러나 그 단순한 변혁조차 지금까지 이루어지지 않았다. 마치 TSUTAYA가 탄생하기까지 영화·음악·서적을 삼위일체로 취급하는 상점이 존재하지 않았던 것처럼.

　유통에서의 습관은 이처럼 강하게 고착화되어 있기 때문에 손대기 어렵다. 흔히 생산자에게 가까운 쪽을 강물의 '상류'로, 소비자에게 가까운 쪽을 '하류'로 부르는데 그 강물 속에 계속 몸을 담그고 있으면 어느 틈엔가 흐름에 익숙해져 상류에서 흘러내려 오는 물살에 아무런 의문도 품지 않게 되어 버린다. 『자본론』을 살펴보면 생산력이 증대하더라도 생산관계는 그에 비례해 변하기 어렵기 때문에 어느 순간부터 생산관계는 질곡, 즉 자유를 저해하는 기능을 하게 된다는 고찰이 있다. 따라서 고객 가치의 존재를 최대한으로 의식해 새로운 관점에서 현재 매장의 존재를 생각하는 자세를 갖추지 않는 한, 해당 매장은 그야말로 질곡의 장소가 되어 버린다.

　기존의 흐름에 젖어 편리하게 일을 처리하는 방식에 익숙해질수록 바람직한 자세를 갖추기 어렵다. 그렇기 때문에

CCC에서는 한 가지 기획을 구체화하는 작업에 들어가면 일부러 그 분야의 아웃사이더를 담당자로 앉히는 경우가 많다.

이노베이션은 언제나 아웃사이더가 일으킨다. 따라서 비즈니스 세계에 몸을 둔 사람은 아웃사이더 의식을 가져야 한다. 업계 흐름의 외부에 존재하는 일반 고객의 입장에 서서 자신들이 하는 일을 바라보는 관점을 가져야 하는 것이다.

내가 대학을 졸업하고 입사한 회사는 의류 업체였다. 그렇기 때문에 TSUTAYA라는 멀티 패키지 스토어를 창출할 수 있었고 '다이칸야마 츠타야서점'에서 서점의 이노베이션을 구체화할 수도 있었다.

그리고 TSUTAYA는 지금 판매액 기준 기노쿠니야(紀伊國屋)서점이나 준쿠도(ジュンク堂)서점을 웃도는, 일본 최대의 서점 체인으로 성장하고 있다.

지
적
자
본
론

# 07

이야기를 진행하는 문맥상, 서점 이노베이션의 본질은
매우 단순한 것이라고 설명했지만 실제 일을 진행하는 단계로
접어들면 결코 간단하지 않다. 이념은 단순할수록 구심력이
강화되지만 그것을 실현하기 위해서는 주도면밀한 준비와
복잡한 과정을 거쳐야 한다.

'다이칸야마 츠타야서점'도 '제안 내용에 따른 구역
전개'라는 발상을 실현시키면서 많은 어려움을 겪었다.
인사이더에게서는 이노베이션이 발생하기 어렵다는
하나의 예일지도 모른다. 이전까지 나름대로 매장을 경험해

온 경력자일수록 "굳이 이렇게까지 신경을 쓰지 않아도 되는데."라는 회의적인 기분에 사로잡히기 쉽다. 그러나 그것을 뛰어넘어 이노베이션을 이루지 못하는 한, 영업 실태의 미래는 없다. 소비 사회가 변하면 비즈니스의 바탕도 변한다. 따라서 생산력을 발전시켜야 하고 생산관계를 재조명해야 한다. 언제까지나 영구적으로 보장되는 비즈니스 모델 따위는 어디에도 존재하지 않는다.

'다이칸야마 츠타야서점'의 이노베이션 과정에서는 어떤 장애가 있었을까. 우선 제안 내용을 바탕으로 구역을 새롭게 설정하려면, 직원들에게 일반 서점의 점원과는 차원이 다른 높은 능력이 요구된다. 물건에 해당하는 서적을 책장에 정리하는 작업을 예로 들어 보자. 기존의 서점이라면 문고본은 문고본용 책장에 진열하면 된다. 출판사별로 분류된 책장 안에 저자의 이름에 따라 가나다순으로 책을 배치하는 것이다. 정말 간단하다. 수납해야 할 서적이 몇 권이든 해당하는 장소에 기계적으로 진열만 하면 되니까 특별한 능력이나 소질은 필요하지 않다.

그러나 제안 내용을 바탕으로 구역을 만들어야 한다면?

일단 어떤 제안이 고객의 흥미를 이끌 수 있는지, 어떤 제안이라면 고객의 욕구에 적절하게 대응할 수 있는지부터 생각해야 한다. 요리 구역이라면 '의식동원의 역사와 실천에 관한 서적끼리 모아 놓자.'라거나 여행 구역이라면 '예술적 측면에서 마법의 도시 프라하를 안내하자.'라는 식으로 고객의 가슴을 파고들 수 있는 제안을 몇 가지 정도 생각해 내고 그 주제에 맞는 서적이나 잡지를 진열해야 한다. 이것은 고도의 편집 작업이다. 서점 직원은 말이 아니라 매장의 진열대를 특수한 방식으로 구성함으로써 자신이 제안하고 싶은 내용을 표현해야 한다.

또한 각 구역의 테마를 결정한 뒤에는 새롭게 출간된 서적 하나하나를 어떤 내용인지 음미해 보아야 한다. 이 서적을 이 공간에 진열해야 할 필요가 있는 것인지, 그럴 필요가 있다면 어디에 배치해야 할 것인지. 기계적으로 움직여 온, 기존의 흐름에 몸을 맡기는 작업 태도와는 전혀 다른 형태의 시간과 공력이 엄청나게 소비되는, 아니 그 이상으로 견식과 교양도 요구되는 공정의 연속이다.

그렇기 때문에 '지적자본론'이다. '서적 자체가 아니라 서적 안에 표현되어 있는 라이프 스타일을 판매하는 서점을 만든다.'라는 서점의 이노베이션을 가능하게 하는 수준의 지적자본이 필요한 것이다. 쉽게 말하면 제안 능력이 회사 내부에 축적되어 있는가, 하는 것이 중요한 척도가 된다.

'다이칸야마 츠타야서점'의 경우에는, 그런 지적자본 역할을 하는 접객 담당자(Concierge)가 존재한다. 각 장르에 정통한 직원이 상품 매입부터 매장 구성까지 결정하고 방문한 고객을 대상으로 나름대로의 제안을 직접 실행에 옮긴다. 요리 코너라면 일본을 대표하는 출판사에서 여성 잡지 편집장을 담당했던 편집자가, 여행 코너라면 20권 이상의 가이드북을 출간한 여행 저널리스트가, 자동차 코너라면 마니아들로부터 절대적인 지지를 모은 자동차·바이크 전문 서점 직원이, 인문·문학 코너라면 수많은 일류 작가들로부터 신뢰를 얻은 유명 서점의 카리스마 넘치는 직원이 우리의 콘셉트에 공감해 접객 담당자로서 가담해 줬다. 그들과의 만남이 없었다면 '다이칸야마 츠타야서점'은 존재할 수 없었을 것이다.

　그런 사람들과의 만남은 어떻게 만들어야 할까?

　이 부분에 있어서는 딱히 확립된 절대적인 방법론은 없다. '만남'은 로맨틱한 말이다. 우연에 의해 좌우되는 것이기 때문이다. 단, 그런 우연이나 행운에 따라 이루어지는 것이라는 전제하에 한 가지 덧붙일 수 있는 것이 있다면, 그런 사람들(고도의 접객 담당자들)은 보수나 대우라는 외적 조건만으로는 움직이지 않는다는 사실이다.

　물론, 외적 조건은 당연히 제대로 갖춰져 있어야 하지만 그것은 전제에 지나지 않는다. 그 전제 위에 그들이 '재미있을 것 같다.'라고 느낄 수 있는, 구심력을 갖춘 이념이 존재해야 한다는 점이 열쇠다.

내가 사장이고 그들이 사원이라고 해서, 나는 자본가이고 그들은 노동자라고 생각해서는 안 된다. 우리의 관계는 결코 그런 도식으로 표현될 수 없다. 그들이야말로 확실한 '지적자본'을 보유하고 있는 자본가이기 때문이다. 그런 의미에서도 그들과 나는 직렬 관계가 아니라 병렬로 놓인 관계다. 그런 인식 없이 우수한 전문가와 협업 관계를 구축하는 것은 불가능하다. 나는 '다이칸야마 츠타야서점'을 만드는 과정에서 그런 사실을 새삼 깨달았다. 그렇다, 지적자본 시대란 병렬형 조직의 시대다. 그리고 병렬로 늘어선 (나를 포함한) 하나하나의 장치를 연결해 주는 것이 구심력을 갖춘 이념이다.

여기에서도 역시 클라우드 도식이 성립한다.

## 08

서점의 이노베이션을 지향하여 만들어 낸 '다이칸야마 츠타야서점'이었지만 그것은 또 다른 장르의 이노베이션을 유발하는 기폭제 역할도 했다. 서점을 오픈한 다음 달에 뜻밖의 인물이 나를 찾아온 것이다.

사가 현 다케오 시의 시장을 맡고 있는 히와타시 게이스케 씨였다. 총무성 관료라는 안정적인 직업을 내던지고 서른여섯의 나이에 고향인 다케오 시의 시장에 출마하여 당선된 그는 지방 자치 단체 세계에 잇달아 이노베이션을 일으켜 온, 지금 가장 주목을 모으고 있는 지방 정치가다. 어느 날, 그런 히와타시 시장이 '다이칸야마 츠타야서점'을 찾아와서는 CCC가 시립 도서관 운영을 맡아 주면 어떻겠느냐는 이야기를 꺼냈다.

이른바 "현재의 다케오 시립 도서관은 시민들 중 약 20퍼센트밖에 이용하지 않는다. 시민의 20퍼센트밖에 이용하지 않는 시설을 운영하기 위해 시의 경비를 쏟아붓는 일은 시민 전체의 이익이라는 측면에서 생각해 보면 아깝다는 생각이 든다. 도서관을 이용하는 대상자를 확대하려면 휴관일을 줄이고 개관 시간을 연장하고 싶은데 시의 운영으로는 한계가 있다."라는 설명이었다.

시립 도서관을 시민들에게 좀 더 개방된 시설로 만들 수 있는 방법이 없을지 고민하고 있던 히와타시 시장은 텔레비전에 나온 한 비즈니스 프로그램을 통해 '다이칸야마 츠타야서점'을 알게 되었다고 한다. 곧장 "이거야!"라는 생각에 즉시 상경해, 도쿄에 도착하자마자 그 길로 다이칸야마를 방문했다는 것이다. 나는 첫 대면에서, 그가 유례를 찾아보기 어려울 정도의 추진력을 갖춘 사람이라는 인상을 받았다. '다이칸야마 츠타야서점'의 시찰을 끝낸 히와타시 시장은 내게 "이 구조를 다케오 시에 그대로 가져가고 싶습니다. CCC가 지정 관리자가 되어 다케오 시립 도서관을 운영해 주십시오."라는 요청을 해 왔다.

아닌 밤중에 홍두깨 같은 이야기였다. 하지만 나는

히와타시 시장의 결단력과 실행력에 강한 매력을 느꼈다.

동시에, 도서관 운영이라는 업무에도 커다란 흥미를 느꼈다.
나 역시 '다이칸야먀 츠타야서점'을 만들 때 이곳을
'숲 속의 도서관'으로 만들고 싶다는 생각을 품고 기획을 짰기
때문이다. 앞에서 설명했듯 서적은 제안 덩어리다. 그런
제안 덩어리를 모아 놓은 도서관은 그야말로 지적자본을 사회에
확장해 정착시킬 수 있는 거점에 해당하는 시설이다. 나는 늘
미래 사회에서 가장 중요시되어야 할 공공시설은 도서관(과
병원)이라고 여기고 있었다.

　　이것은 결코 결과론이 아니다. '다이칸야마 츠타야서점'이
개점하기 약 1년 전, 나는 다이칸야마라는 지역에
어떤 것을 만들 예정인지를 정리한 『라이프 스타일을
팔다(代官山オトナTSUTAYA計畫)』라는 책을 출간했는데,
그 안에서 이미 다이칸야마를 '숲 속의 도서관'을 갖춘 도시로
만들고 싶다고 선언했기 때문이다. 즉, 내 입장에서 볼 때
'다이칸야마 츠타야서점'은 나름대로 도서관의 모습을 구현한
것이고 히와타시 시장은 누구보다 먼저 그 점을 이해해 준
사람이다. 나도 그날 즉시, "반드시 제게 맡겨 주십시오."라고
대답하는 것으로 히와타시 시장의 이해와 기대에 부응했다.

　　무슨 일이든 이런 속도감이 필요하다. 내가 히와타시 시장을

처음으로 만난 것은 2012년 1월, 그리고 다케오 시립 도서관을 새로 단장해 개관한 것이 2013년 4월이었다. '속도야말로 행정이 시민에게 제공할 수 있는 가장 큰 부가 가치'라고 생각하는 히와타시 시장의 입장에서 볼 때 '몇 년이 걸리더라도 반드시 도서관을 개혁한다.'라는 스타일은 도저히 받아들일 수 없는 태도였을 것이다. 문제는 '지금 여기'에 존재한다. 그것을 방치해 둘 수 없다는 것이 시장의 자세였다.

여담이지만 히와타시 시장이 나를 첫 대면 하던 날, 내겐 면회 약속이 없었다. 실제 그가 약속을 잡은 사람은 우리 회사의 부사장이었고, 부사장은 긴장한 모습으로 시장이 도착하기를 기다리고 있었다. 그런데 시장이 '다이칸야마 츠타야서점'에 도착했을 때, 나는 우연히 도로에 서서 매장을 바라보고 있었다. 텔레비전 프로그램을 통해 내 얼굴을 알고 있던 시장이 먼저 내게 말을 걸었고, 우리는 길 위에 서서 대화를 나누게 됐다. 그때 바로 CCC가 다케오 시립 도서관의 지정 관리자가 되어 달라는 대강의 이야기를 끝내 버렸다. '만남'은 다분히 로맨틱한 것이라는 사실을 새삼 느끼지 않을 수 없었다.

어쨌든 그런 이유에서 우리는 도서관의 이노베이션 작업에 착수하게 되었고, 그것 역시 잇달아 높은 장벽을 뛰어넘어야 하는 매우 힘든 여정이었다.

## 09

처음에 CCC가 다케오 시립 도서관의 지정 관리자가 되다는 소식에, 불안과 의문을 가진 다케오 시민이 적지 않았던 듯하다. 그러나 히와타시 시장과 나는 그런 현상을 긍정적으로 받아들였다.

히와타시 시장의 말에 따르면 도서관을 이용하는 시민은 시 전체 인구의 20퍼센트에 지나지 않았다. 80퍼센트는 아웃사이더라는 뜻이다. 그 80퍼센트에 해당하는 사람들의 입장에서 보면 도서관 관리가 공공에서 민간으로 바뀌는 문제는 자신과 별 관계없는 일이다. 누가 관리를 맡든 관심을 가질 필요가 없는 화제인 것이다. 그런데 저항감을 보인 것이다.
그렇다는 건 도서관을, 자주 이용하지는 않더라도 해당 시설에
대한 시민들의 관심과 애착이 분명히 존재한다는 뜻이었다.
따라서 도서관에 이노베이션을 일으킬 수만 있다면, 그것은
다케오 시의 거대한 자원이 될 수 있다. 따라서 우리의 의욕도
자연스럽게 높아졌다.

　도서관 재생이라는 이 프로젝트를 추진시키는 데에 가장
강력한 엔진 역할을 한 것은 다케오 시의 리더인 히와타시
시장의 결단력과 실행력이었다. 함께 일을 해 보고 느낀
것이지만 그는 단 한 가지 목표, 즉 고향을 자랑스러운 도시로
만들고 싶어 했다. 특히 다케오 시의 젊은이들과 아이들이
자기 고향에서 긍지를 느끼게 하는 일이야말로 본인이 속한
기성세대의 책임이고 의무라는 생각이 그를 의욕적으로 만들고
있는 듯했다.

　히와타시 시장은, 다케오 시립 도서관을 일본 제일의
도서관으로 만들려 했다. 만약 그 꿈이 실현된다면 젊은이들이
고향을 자랑스럽게 생각할 수 있는 커다란 계기가 될 수 있지
않을까.

　실제로, 그는 이런 이념을 바탕으로 프로젝트에 회의적인
태도를 보이는 사람들을 하나하나 설득해 나갔다. 나를 처음

만난 이후 넉 달도 지나지 않은 2012년 5월 4일에는 기자 회견을 열어 새로운 도서관에 관한 구상을 발표했고 그로부터 불과 1년도 지나지 않은 2013년 4월 1일, 새로운 모습으로 태어난 '다케오 시립 도서관'을 마침내 개관했다.

개관 시간은 10시~18시였던 것을 9시~21시로 연장. 연간 34일로 설정되어 있던 휴관일은 완전히 없애 연중무휴로 만들었다. 또 스타벅스를 관내에 입점시켜 시민들이 커피를 음미하면서 마음에 드는 장서를 골라 읽어 볼 수 있도록 했다. 음악 소프트웨어나 영상 소프트웨어를 대여해 주는 공간도 있고, 잡지나 서적을 판매하는 서점도 들어섰다. 그야말로 '다이칸야마 츠타야서점'과 공립 도서관이 융합한, 혁신적인 시설이 다케오 시에 탄생한 것이다.

이 프로젝트에서 우리가 유난히 신경을 쓴 부분은 장서를 분류하는 방법이었다. 독자 여러분도 학교 도서관을 떠올려 보면 알겠지만 일본의 도서관은 장서를 '일본 십진분류법'(日本十進分類法)에 기준하여 관리하고 있다. 예를 들면, '2'는 역사, '7'은 예술이라는 식으로 숫자를 이용해 분류한 다음, 역사 중에서도 일본 역사엔 '1'을 붙여 '21', 예술 중에서 회화와 서예는 '72', 더 나아가 홋카이도의 역사는 '211', 서양화라면 '723'이라는 식으로 2차 구분, 3차 구분으로 가지를 뻗어 나간다.

　수많은 서적을 하나의 법칙을 바탕으로 체계화하기 위해 이런 분류 방법을 도입한 열의에는 감탄하지 않을 수 없다. 대학 도서관의 92퍼센트, 공공 도서관의 무려 99퍼센트가 이 방법을 채용하고 있다는 통계를 보아도 이것에 대한 도서관 관계자들의 깊은 신뢰를 충분히 유추해 볼 수 있다.

　단, 이 도서 분류법이 최초로 발표된 때는 1928년이다. 따라서 현대 사회의 라이프 스타일과는 동떨어진 부분도 나타나기 시작했다. 예를 들어, 원예 관련 서적은 1차 구분으로 말하면 '산업' 항목에, 낚시 관련 서적이라면 '예술·미술' 항목으로 분류된다. 주택의 베란다에서 원예를 즐기는 주부들 중에 자신의 행동을 산업 활동의 일환이라고 생각하는 사람은 많지 않을 것이고, 휴일에 그런 아내를 집에 남겨 두고 낚시를 가는 남성들 중에서 자신이 예술 활동을 하고 있다고 자각하고 있는 사람 역시 매우 드물 것이다.

　이 분류법을 그대로 지켜 나가는 것이 과연 도서관 이용자들의 가치 증대에 기여할 수 있을까. 어쩌면 그런 방법에는 책을 판형에 따라 기계적으로 분류해 매장에 진열하는 서점과 공통된 정신이 깃들어 있는 것은 아닐까. '생산력은 증대해도 생산관계는……'이라는 법칙을 이 부분에서도 생각하지 않을 수 없다.

결국, 다케오 시립 도서관은 기존의 십진분류법을 버리고 보다 현실 생활과 밀접한 '22종 분류법'을 채용해 장서를 관리하기로 했다. 예컨대 아동 패션을 다룬 책은 패션 서적 코너에 진열해야 하는 것일까, 육아 서적 코너에 진열해야 하는 것일까. 아름다운 정원 사진만을 모아 놓은 사진집은 예술 코너일까, 원예 코너일까……. 이것은 내용에만 초점을 맞추는 것이 아니라 그 책이 어떤 독자들을 대상으로 쓰인 것인가, 하는 점을 세밀하게 파악해 분류하는 방법으로 '다이칸야마 츠타야서점'을 만들 때에 CCC가 독자적으로 창조해 낸 것이다.

하지만 분류법을 변경하는 작업은 정말 힘들었다. 다케오 시립 도서관의 장서는 CCC가 관리를 넘겨받기 전에 이미 약 18만 권에 이르렀기 때문이다. 리뉴얼 공사를 할 때, 일단 이 18만 권의 도서를 시내의 체육관으로 옮겨 그곳에서 새롭게 분류하고, 관리용 바코드까지 한 권 한 권 부착했는데 이것 역시 기계화할 수 있는 작업이 아니다. 체육관을 가득 메운 책들의 내용을 각각 확인하면서 새롭게 분류해 나가야 한다.

CCC 직원들과 함께 이 작업을 담당해 준 사람들은 그때까지 다케오 시립 도서관에서 사서로 근무했고 리뉴얼 이후에는 접객 담당자로서 도서관 운영에 종사하게 될 직원들이었다.

이 부분에서도 그들과의 만남에 감사를 드린다. 사서에서 접객 담당자······. 이것은 단순한 호칭 변경이 아니다. 작업 방식이 달라질 뿐 아니라, 도서관을 찾는 방문객을 대하는 방식도 그때까지와는 완전히 달라진다. 그 변화를 수용하려면 완전히 새로운 세계로 뛰어들 수 있는 용기와 각오가 필요하다. 다행히 그들은 결단을 내려 주었다. 다케오 시민들이 자부심을 느낄 수 있는 도서관을 만들고 싶다는, 히와타시 시장의 생각에 공감했기 때문이다. 그들이야말로 다케오 시에서 도서관 이노베이션을 가능하게 한 소중한 지적자본이다.

동시에, 이 막대한 작업을 완수할 수 있었던 데에는 역시 다이칸야마에서의 경험이 크게 작용했다. 새로운 분류법의 기초는 '다이칸야마 츠타야서점'을 만드는 과정에서 이미 형성되어 있었고 노하우도 축적되어 있었기 때문에 18만 권이라는 어마어마한 장서와의 격투에 기꺼이 도전할 수 있었다. 그런 의미에서 볼 때, 다이칸야마와 다케오 시는 일종의 연결 고리로 얽혀 있으며 서점 이노베이션이 도서관 이노베이션을 유발했다고 말할 수 있다. 서점의 이노베이션을 실현하는 과정에서 CCC 사내에 축적된 다양한 노하우(지적자본)가 도서관 이노베이션을 일으키는 불꽃이 되었으니까.

다케오 시립 도서관은 재개관 이후 13개월 만에 방문객 100만 명을 돌파했다. 인구 5만 명 규모의 지방 시립 도서관을 일본 제일의 도서관으로……. 처음에는 사람들 대부분이 히와타시 시장의 꿈을 허황된 것이라고 비웃었지만 이제 그런 사람은 존재하지 않는다. 그리고 다케오 시립 도서관은 다케오 시라는 공동체의 핵심으로서, 즉 클라우드의 거점으로서 오늘도 수많은 시민들의 사고를 연결시켜 주고 있다.

## 10

지금까지 '다이칸야마 츠타야서점'을 예로 들어 서점의
이노베이션에 대해, 다케오 시립 도서관을 예로 들어 도서관의
이노베이션에 관해 설명했다.

여기에서 끝나지 않는다. 다이칸야마에서 실현한
이노베이션이 다케오 시의 이노베이션을 유발한 것처럼
그 이념은 도화선을 타고 번져 나가는 불꽃이 되어, 다른
지역에서도 사람들의 사고를 연결해 폭발시키는 강렬한
불덩이로 확대되었다.

서점을 예로 들면, 2013년 12월에는 '하코다테(函館)

츠타야서점'이 탄생했다. 기본적으로는 '다이칸야마
츠타야서점'의 콘셉트와 철학을 이어받은 것이지만 그 판박이는
절대로 아니다. 지역성이 크게 다른 장소에 똑같은 서점을
만들어서는 당연히 성공을 거두기 어렵기 때문이다.

도쿄에서도, 성숙하고 여유 있는 분위기를 느낄 수 있는
다이칸야마에서는 단카이 세대가 주를 이루는 지적 탐구심이
왕성한 성인들(나는 그들을 '프리미어 에이지'라고 부른다.)을
핵심적인 방문객으로 가정했다. 그래서 그곳에서는 취미
성향과 지향성이 강한 상품을 제안해야겠다는 의식을 가졌다.
자리 잡힌 성인이기 때문에 딜레탕티슴(dilettantism: 취미 본위의
학문이나 예술. — 옮긴이)을 자극해야 한다고 생각했다. 그런
도쿄에 비해 가족이나 공동체적 결속이 아직 강하게 남아
있는 하코다테에서는 삼대를 타깃으로 하는 공간을 만드는
데에 주력했다. 따라서 아동 서적이나 그림책 등은 하코다테
쪽에 더 충실히 꾸려져 있다고 말할 수 있다. 그 때문인지
인터넷상에서는 '하코다테가 다이칸야마보다 우수하다.'라는
의견도 적잖이 볼 수 있다.

한편, 공공 도서관 분야에서는, 다케오 시에 이어
미야기(宮城) 현의 다가조(多賀城) 시와 가나가와(神奈川) 현의
에비나(海老名) 시, 야마구치(山口) 현의 슈난(周南) 시에서도

시립 도서관을 재생하는 프로젝트가 진행되고 있다. 다가조 시에서는 JR다가조 역 북쪽에 건설되는 재개발 건물 안에, 슈난 시에서는 재건축이 결정된 JR도쿠야마(德山) 역 역사 건물 안에 각각 시립 도서관을 만들 계획이다. 에비나 시에서는 현재 존재하는 시립 중앙 도서관을 리뉴얼한다. 다가조 시립 도서관과 에비나 시립 중앙 도서관은 2015년 가을에, 슈난 시립 도서관은 2018년도에, 각각 개관할 예정이다.

지역성에 근거한, 그곳만의 '츠타야서점'과 시립 도서관을 각 지방에 만들어 가는 것이 현재 CCC의 목표 중 하나다. 서적은 제안 덩어리다. 그런 서적을 집적한 서점이나 도서관의 이노베이션이 각지에서 진행된다는 것은 결국 각지에 지적자본을 고양할 수 있는 거점을 마련하는 것이다.

'CCC=컬처 컨비니언스 클럽'이라는 회사의 존재 의의. 나는 창립 이후, 그것을 '컬처 인프라를 만드는 것'에 있다고 주장해 왔다. 전국에 들어선 TSUTAYA는 우리 사회에 필수 불가결한 인프라가 될 것이라고. 앞으로의 사회에서는 도로나 수도나 송전선만이 인프라가 아니라, 영화나 음악 같은 문화 역시 사람들의 생활에 빼놓을 수 없는 인프라가 될 것이다. 그것을 공급하는 것이 TSUTAYA다.

'츠타야서점 히라카타점'을 개업한 지 약 30년이 지나면서 그 이념을 어느 정도 형태화할 수 있었다. 영화를 예로 들면, 현재 일본의 영화관 관람객 수는 연간 약 1억 5000만 명이다. 그런데 전국 TSUTAYA 매장에서 연간 대출되는 DVD의 수는 7억 2000만 장에 이른다.(2013년 기준이다.) 음악도 연간 대출되는 소프트웨어를 악곡 수로 환산하면 약 20억 곡에 이른다. 그렇게 많은 사람들이 TSUTAYA를 통해 영화와 음악을 접하고 있다.

앞으로 '츠타야서점'이나 시립 도서관은 이러한 토대 위에서 더욱 폭넓게 전개될 것이다. 컬처 인프라라는 개념은 지역의 사회자본으로 심화되었고 그 덕분에 TSUTAYA를 통해 '츠타야서점'이 탄생했다. 나는 지금, 전국에 문을 연 TSUTAYA 매장의 수적 성장 때문이 아니라 이제껏 CCC가 지향해 온 방향성의 연장선상에 사업의 미래가 있음을 알았기에 우리가 걸어온 길이 옳았다고 확신한다. 그것은 역시 행복한 감각이다. 그 감각을 공유할 수 있는 동료들을 앞으로도 계속 늘려 갈 계획이다.

# 전

## 轉.

이루어진다　사실 꿈만이

기획 회사의 존재 의의는, 이노베이션을 이루는 데에 있다고
마스다 무네아키는 생각한다. 물론, 그런 명목에 어울리는 것이
쉽게 탄생할 리 없고 한 번 실현됐다고 해서 그것으로 끝나는 것도 아니다.
그렇기 때문에 기획 회사가 나아가야 할 길은 험난할 수밖에 없다.
그곳에 존재하는 것은 잇달아 새로운 봉우리가 나타나는 능선을
달리는 듯한 감각이다. 마스다가 내건 네 가지 이노베이션……
서점, 도서관, 상업 시설, 그리고 가전제품의 변혁에도 이 도식이 적용된다.
이 네 가지는 서로 밀접한 연관성을 가지고 성장할 것이다.
따라서 그 배후에는 성장을 지원하기 위한 새로운 이노베이션이 필요하다.
그렇다면 등반을 지속할 수 있는 원동력은 어디에서 발생하는 것일까.
기획을 실현하기 위해 달려 나가는 조직의 구동 시스템을
마스다 본인의 언어로 들어 보자.

## 11

이번 장에 '전'(轉)이라고 이름을 붙인 이유라고 말하기는
그렇지만, 이노베이션이라는 화제에서 약간 벗어나 인터넷
시대에 실물 매장이 가지는 의미에 대해 한 번 생각해 보고
싶다. 앞 장에서 소개한 서점과 도서관은 사이버 공간이 아니라
현실 세계 속에 만들어진 공간이다. 따라서 이러한 고찰 없이
기획을 진행할 수는 없다. 덧붙여, 대부분의 플랫폼이 인터넷
쪽으로 축을 옮기는 상황에서 현실 공간이 지닌 의미를
재확인한다는 것은 앞으로 세워야 할 다른 기획에서도 출발점이
될 것이다.

현실적으로 내게도, 인터넷과 현실 중 어느 쪽으로 나아가야 할지 판단을 내려야 하는 분기점이 이미 존재했었다. 마침 그 일은 20세기에서 21세기로 이행하는 전환기에 일어났다.

당시에 CCC는 인터넷을 통해 컬처 콘텐츠를 제공하는 'TSUTAYA online' 서비스를 시작했다. 정확하게는 1999년, 아마존이 일본에 진출하기 바로 전해에 해당한다. 만약 그 시점에 CCC가 당시 가지고 있던 모든 경영 자원을 인터넷 사업에 쏟아붓기로 결단을 내렸다면 일본 온라인 유통의 패권을 움켜쥐었을지도 모른다.

그런데 그렇게 하지 않은 이유는 무엇일까?

첫째, 그 시점에서는 인터넷 환경이 지금처럼 빠르게 진화하여 일상생활에 짙게 침투하리라는 사실을 내가 완벽하게 읽어 내지 못했다. 그러나 설사 충분히 예상했다고 해도 나는 비즈니스를 인터넷 사업으로 특화시키지 않았을 것이다.

현재 TSUTAYA는 전국에 1400여 매장을 거느리고 있는데 그중에서 CCC 직영 매장은 약 100군데 정도다. 나머지는 프랜차이즈를 통한 전개다. CCC에 신뢰를 가지고 TSUTAYA의 미래를 믿어 준 프랜차이즈 오너들이 있었기에 현재의 1400여 매장 또한 존재할 수 있었다. 그래서 나는 출발 당시부터 그들과 함께 걸어가야 할 길을 찾는 것이 내 진짜 역할이라고 생각했다.

인터넷 시대에 어떻게 해야 오프라인 매장의 매력을 창출해 내고 표현해 낼 수 있을까. 그 방법을 찾아내는 것이 나에게는 '기획'이라고…….

이런 점에서 보면, 기획은 '사명'과 같은 의미인지도 모른다. 그렇기 때문에 '다이칸야마 츠타야서점'이 탄생했고 '하코다테 츠타야서점'이 완성되었다. 그곳들은 실물 매장이 인터넷 사회에서도 충분히 매력을 발휘할 수 있다는 사실을 보여 주어야 한다는 내 나름대로의 사명감에서 탄생한 것이기도 하다. 2000년 1월 1일 오전 0시 정각, 'SHIBUYA TSUTAYA'의 문을 열었다.

물론, 2000년대 전후에 내가 내린 결단이 'CCC가 인터넷을 버리고 현실을 찾았다.'라는 의미는 아니다. 2002년에 우리는 인터넷 택배를 이용한 DVD·CD 렌털 서비스 'DISCAS'를 시작했고, 이 기획은 현재 회원 수 약 150만 명을 넘는 'TSUTAYA DISCAS'로 발전했다. 즉,(글로 적고 보니 고루한 느낌도 들지만) 인터넷과 현실의 진정한 시너지를 찾는 것이 CCC의 입장에서 볼 때 최고의 선택이라고 판단했던 것이다.

그리고 지금 CCC는 인터넷과 현실 세계 양쪽에서 사업을 전개하는 기획 회사다. 바로 그 때문에 나타나는 실물 매장의 가치도 있다. 그 부분을 좀 더 진지하게 생각해 보고 싶다.

아니, 솔직히 말하면 나 자신이 살아 있는 사람들이 북적이고 살을 스칠 수 있는 현실 공간을 보다 좋아하는 것인지도 모른다.

## 12

앞으로 현실 세계의 소매점은 '인터넷 기업이 운영하는
상점' 이외에는 살아남을 수 없을지도 모른다.

'현실적인 공간을 좋아한다.'라는 말을 해 놓고 뜬금없는
이야기를 꺼내는 것 같지만 실물 매장의 미래에 관해 진지하게
생각해 보자는 것이다.

우선 오프라인 매장과 인터넷상의 가상 매장을 냉정하게
비교해 보자. 첫 번째 차이는 '매장의 넓이'다.

현실 세계의 매장은 당연히 매장의 면적에 제약을 받기
때문에 상품을 진열하는 공간에 한계가 있다. 한정된 공간에서

수익률을 높이려면 팔리지 않는 상품을 진열해 둘 여유가 없다. 잘 팔리는 상품만 진열할 수밖에 없기 때문에 상품의 라인업은 새로울 수 없고 획일적으로 흐르기 쉽다. 그것은 매장의 매력 저하, 즉 매장이 고객에게 제공하는 가치의 감소로 이어진다.

한편, 가상 매장에서는 상품을 진열할 공간에 제한이 없다. 상품을 비축해야 할 창고는 필요하지만 실제 그 비용을 따져 보면 실물 매장을 구상하는 금액과 엄청난 차이를 보인다. 게다가 인터넷 공간에선 볼 수 있는 모든 상품을 망라한 라인업도 가능하다는 점에서 고객 가치의 차이는 더욱 현저해진다.

특히 골프 용품이나 가전제품 등은 기술 혁신 주기가 빠르다. 새로운 상품을 즉시 매장에 진열해 놓지 않으면 고객 가치는 순간적으로 저하되어 버린다. 그러나 현실 세계의 매장에서는 예전 상품이 판매되어 공간이 비지 않는 한, 최신 상품을 진열할 수 있는 공간을 확보하기 어렵다. 따라서 판매가 잘 되는 상품을 중심으로 갖춰야 하지만 최신 상품은 수량을 확보해 진열하기 어렵고 또 최신 상품이 없으면 고객은 발길을 돌리게 되니, 이를테면 패배의 소용돌이에 빠지게 된다.

하지만 가상 매장에서는 그럴 걱정이 없다. 재고 상품은 사이트 뒤쪽 계층에 배열해 두면 된다. 어차피 그 상품 자체는

여전히 창고에 있다. 언젠가는 팔 수 있다. 그때까지 그냥
내버려 두어도 큰 손실이 발생하지 않는다. 즉, 비가동 재고품이
매장 공간을 차지하는 일이 없기 때문에 항상 최신 상품을
진열할 수 있다.

　　그렇다고 현실 세계의 모든 상점이 사라지고 인터넷
상점에서만 상품을 구입하게 되는 것은 아니다. 기획은
반드시 '피부 감각'에서 출발하기 때문이다. 고객이 어떤 것을
원하는지, 무엇을 제공해야 고객 가치의 증대와 연결되는지를
포착하려면 비유적인 의미가 아니라 정말로 고객의 얼굴을 볼
수 있는 장소가 필요하다.

　　그것이 현실 세계의 매장이다. '다이칸야마 츠타야서점'을
찾는 고객들이 이 공간의 어디에서 어떤 표정을 지어 보이는가,
하는 관찰을 통해 얻을 수 있는 발상의 힌트는 그 무엇과도
바꿀 수 없는 소중한 가치를 지닌다. 나는 사무실에 앉아
있는 시간보다 '다이칸야마 츠타야서점' 내부를 돌아다니는
데에 더 많은 시간을 투자하기 때문에 스케줄 관리를 하는
비서가 꽤 힘들어한다. 하지만 그 시간을 줄이고 사장실 책상
앞에 앉아 있는 시간을 늘린다면 사장 자리를 계속 유지하기
어려울 것이다. 아니, 그 이전에 기획 회사의 사원으로서 나는
스스로에게 실격을 선언할 것이다.

그런 인식을 가지고 있는 한편, 그래도 현실 세계와 인터넷을 비교하는 경우에 인터넷에 그만큼의 우위성이 있다는 사실을 생각하면(그보다 현실 세계에 이 정도의 제약이 있다는 사실을 생각하면), 현실 세계의 매장만으로 성장을 실현하는 일은 매우 어렵게 느껴진다. 공간을 압박하는 비가동 재고품은 가격을 인하하여 판매하는 것 이외에는 처리할 방책이 없다. 그렇다면 결국 성과 없는 가격 경쟁이 이뤄질 수밖에 없다.

따라서 현실 세계도 인터넷 기업이 운영하는 매장을 활용하여 살아남을 수 있는 자격을 갖추어야 한다. 인터넷 통신 판매와 현실 세계의 매장, 이 양쪽을 보유한 기업은 인터넷에서의 판매 경쟁에서 승리를 거두게 될 것이고, 현실 세계의 매장은 '인터넷 기업에 의한 지원'을 통해 큰 성과를 올릴 수 있을 것이다. 인터넷을 개입시켜 얻은 거대한 정보 처리와 비용이 들지 않는 재고 관리를 무기로 고객과의 접점인 현실 세계의 매장을 기획, 조합하는 방식을 사용하여 경합을 벌이는 매장은 새로운 고객 가치를 창조해 갈 수 있는 가능성을 보유하고 있기 때문이다.

하지만 현실 세계의 매장 운영은 아무나 할 수 있는 일이 아니다. 인터넷 세계에서 살아온 사람이 갑자기 소매업을 시작하는 것은(혹은 그 반대의 경우에도) 지구 반대편에 사는 아프리카 사람이 일본인에게도 어려운 다도를 배우려는 것과 같다. 두 가지 문화 사이에는 분명 상당한 차이가 있고, 그 장벽은 쉽게 뛰어넘을 수 없다.

단, 인터넷과 현실 세계의 비즈니스 양쪽에서 기획을 구현하고 노하우를 축적해 온 CCC는 이점을 갖추고 있다. 그런 생각을 하다 보면, 이번에는 상업 시설의 이노베이션이라는 테마가 떠오른다. 예를 들면 그것은······.

지적자본론

# 13

현실 세계의 공간에 얽매일 필요가 없기 때문에 상품을 오랜 기간 동안 진열할 수 있고 유지비 등의 경비를 줄여 낮은 가격을 실현할 수 있다는 것이 인터넷이 현실 세계에 대해 가지는 우위성일 것이다. 그렇다면 반대로, 현실 세계가 인터넷에 대해 우위성을 갖출 수 있는 요소는 없을까?

매장 공간에는 고객과의 접점이라는 기능적 가치가 있다고 앞에서 설명했는데, 그런 운영 측면에서의 의미 부여가 아니라 고객 가치라는 부분에서 현실 세계가 인터넷보다 우위를 차지할 수 있는 요소는 없을까. 만약 있다면 그것은 어떤 국면에서일까?

그렇게 고민하는 과정에서, 마침내 현실 세계가 인터넷에 대해 우위에 설 수 있는 여지를 아직 확실히 지니고 있다는 사실을 발견할 수 있었다. 예를 들면, 즉시성이다. 현재 주문한 상품을 당일 배송하는 서비스가 확대되고 있기는 하지만 인터넷의 경우, 클릭한 상품을 그 자리에서 바로 입수할 수는 없기 때문에 아무래도 대기 시간이 발생한다. 가전제품을 인터넷을 통해 구입하는 사람은 다수 있지만, 지금 당장 조리하고 싶은 신선한 식품을 그때마다 주문하는 사람은 많지 않다. 즉시 입수하지 못할 경우 가치가 줄어드는 상품은 인터넷에는 적합하지 않은 것이다.

또 하나는 직접성이다.

이것을 설명하기 위해 다시 도서관을 예로 들어 보겠다. 우리는 다케오 시립 도서관의 지정 관리자가 되었을 때, 장서의 진열 방법을 이전과는 완전히 다르게 변경하였다. 18만 권에 이르는 서적을 거의 모두 개가식(開架式)으로 만든 것이다.

도서관의 장서 관리 방식에는 개가식과 폐가식(閉架式) 두 종류가 있다. 폐가식인 경우, 장서는 일반 이용객이 들어갈 수 없는 서고 안에 진열되어 있어 대출 희망자가 의뢰를 하면 사서가 해당 서적을 서고에서 꺼내 온다. 거기에 비해 개가식은 일반 이용객도 자유롭게 서적을 꺼낼 수 있도록 공개 서가에 장서를 진열한다. 리뉴얼 이전까지 다케오 시립 도서관의 장서 중 약 절반 정도가 폐가식이었는데, 이제 개가식으로 바뀌었다.

그 이유는 막대한 서적을 직접 마주했을 때에 느껴지는 순수한 감동을 소중하게 전하고 싶었기 때문이다. 진짜로 새로운 다케오 시립 도서관을 처음 방문한 사람들은 예외 없이 "우와!"라거나 "세상에!" 하고 감탄사를 내뱉는다. 정면의 드넓은 벽면을 가득 메운 막대한 양의 서적에 압도당하기 때문이다. 즉, 서적의 양이 직접, 방문객의 피부 감각에 호소하는 것이다.

폐가식 도서관에서는 이용객이 검색을 통해 해당 도서를 찾아 요청하면, 관리자가 일반인은 드나들 수 없는 서가로 가서 꺼내 온다. 인터넷상의 가상 매장과 비슷하지 않은가. 한편 개가식은 이용객이 직접 서적을 만져 볼 수 있는 공간에 장서가 진열되어 있기 때문에 그곳에서 해당 서적을 찾거나, 원하는 책은 아니지만 흥미를 끄는 비슷한 서적을 발견할 수 있다. 이쪽은 물론 현실 세계의 매장에 대응한다. 이렇게 생각해 보면 직접성만큼은 현실 세계가 인터넷에 대해 우위를 점한다고 이해할 수 있을 것이다.

이 즉시성과 직접성이라는 두 가지 요소가 현재 현실 세계가 인터넷에 대해 가질 수 있는 우위성이다. 그리고 그것은 현실 세계에서 이미 증명되고 있다. 현실 세계에서 즉시성을 극한까지 추구한 것이 편의점이다. 24시간 365일, 언제나 필요한 상품을 집 근처에서 즉시 손에 넣을 수 있다. 한편, 직접성을 명확하게 구현해 보이고 있는 것은 이온몰(Aeon Mall: 일본에서 가장 큰 규모의 쇼핑몰 체인. 평균 100여 개가 넘는 다양한 브랜드를 취급하고 있으며, 최근에는 멀티플렉스 영화관까지 입점시키고 있다. — 옮긴이)로 대표되는 거대한 쇼핑몰이다. 압도적인 양의 상품들이 내뿜는 박력이 고객의 발길을 이끈다. 긴 세월 동안 이어지고 있는 디플레이션과 인터넷 통신 판매의 약진이라는, 두 가지 마이너스 요인의 협공을 받아 고통받고 있는 현실 세계의 매장들 중에서도 편의점과 거대 쇼핑몰이라는 업종은 추진력을 잃지 않고 있다.

하지만 그것만으로는 충분하지 않다. 편의점과 거대 쇼핑몰과 인터넷 통신 판매. 단지 그것만으로 사람들이 풍요로움을 느낄 수 있을까?

여기에는 '마음'이라는 관점이 결여되어 있다. 아니, '마음'의 논리로는 설명하기 어려운 또 다른 존재 안에 이노베이션이 탄생할 수 있는 가능성이 남아 있는 것은 아닐까?

그런 생각에서 이끌어 낸 키워드가 '편안함'이다. 편의점이나 거대 쇼핑몰이 아닌 현실 세계의 매장이 인터넷에

대해 우위성을 가질 수 있는 것이 있다면, 그것은 편안함을
제공할 수 있다는 측면에서 찾아야 할 것이다.

인터넷이 사용자에게 편안함을 제공할 수 있을까.
인터넷은 원래 그런 요소를 고려한 매체가 아니다. 그것은
단지 벡터(방향)의 차이다. 편안함이 느껴지는 상수도와 불편한
상수도가 구별되지 않듯, 또는 편안한 철도 노선과 불편한
철도 노선이라는 구별이 없듯(편안한 전철과 불편한 전철이라면
있을 수 있지만) 인터넷은 편안함이라는 감각에서 동떨어진
장소에 존재한다. 한편, 수도나 철도 노선, 또는 인터넷망 등을
창출하고 유지하는 것이 재무자본이었다면 그곳에서 벗어나
편안한 시간과 공간을 디자인하는 일은 지적자본에 의해서만
가능하다. 그리고 그러한 일련의 작업은 모두 지적자본에서
나오는 것이기 때문에 이노베이션이라고 부를 수 있다.

CCC가 지금 추진하고 있는 프로젝트 중에 '우메다(梅田)
츠타야서점'이 있다. 간사이(關西)의 중심에 위치한 JR오사카
역에 접해 있는 '오사카스테이션시티 노스게이트빌딩'(NORTH
GATE BUILDING) 서관 9층 전체를 사용해 전개하는 새로운
상업 시설이다. 2015년 봄, 그곳에는 철저하게 '편안함'을
추구한 공간이 탄생한다. 매장 면적은 1228평. 약간 극단적으로
표현한다면, 나는 그곳을 통째로 '카페'로 만들 생각이다.

쇼핑몰 안에 존재한다고는 생각하기 어려운 공원과 카페가 융합된 장소. 그곳에 가면 여유롭게 쉴 수 있고, 그로써 몸과 마음에는 활기가 깃들며 더불어 멋진 사람까지 만날 수 있다. 카페와 서점이 어우러져 있어 매장에서 흥미를 끄는 서적을 발견하면, 커피를 즐기면서 한가롭게 독서를 즐길 수 있다. 즉, 우메다에서 근무하는 직장인들이 지적 생산성을 높여 가며 멋지게 일할 수 있는, 어쩌면 개인적인 서재가 될 수 있는 공간.

이것이 실현되면 역 건물의 개념이 바뀔 것이라고 나는 확신한다. 그리고 역 건물의 개념이 바뀌면 역 자체의 개념 역시 바뀐다. 전국에 존재하는 역은 JR만 헤아려 봐도 5000여 개에 이른다. 그 하나하나가 사람들에게 편안함을 제공하는 카페나 공원으로 바뀐다면……. 그것은 조용한, 그러나 확실한 혁명일 것이다. 즉, 라이프 스타일 혁명이다.

# 14

앞에서 CCC는 네 가지 분야에서 이노베이션을 일으킬
생각이라고 설명했다.

'다이칸야마 츠타야서점'이나 '하코다테 츠타야서점' 등에
구현된 서점 이노베이션. 지금 설명한 '우메다 츠타야서점'은
서점 이노베이션이면서 나아가 역 건물의 개념도 바꾸려 하고
있다.

또 다케오 시립 도서관을 출발점으로 다가조 시(미야기 현),
에비나 시(가나가와 현), 슈난 시(야마구치 현) 등으로 확장된
도서관 이노베이션. 그리고 '다이칸야마 츠타야서점'에 다양한

입주자들을 모아 놓은 '다이칸야마 T-SITE', 이곳에 원류를 둔 상업 시설 이노베이션도 있다. 그것은 파나소닉이 가나가와 현 후지사와(藤澤) 시에 개발하고 있는 스마트타운(환경 배려형 도시)의 핵심이 되는 '소난(湘南) T-SITE'나 미쓰이(三井) 부동산이 손대고 있는 지바(千葉) 현 가시와(柏) 시의 스마트시티에 조성되고 있는 '가시와노하 T-SITE'다. 이들 모두 기존의 공간을 보다 발전시켜 시민들에게 '편안한 장소'를 제공하려 하고 있다.

그리고 나머지 하나가 가전제품의 이노베이션이다.

이렇게 네 가지 장르를 나열해 보면 '가전제품'만이 왠지 이질적인 느낌을 준다고 생각하는 사람도 있을지 모른다. 앞의 세 가지는 출발점에 서적이 있었다. 책은 라이프 스타일을 제안하는 내용들로 가득 차 있기 때문에 그 제안이 생산력을 지레로 삼아 서점이나 도서관, 상업 시설에 이노베이션을 일으키는 것이라고 이해하기 쉽다. 그러나 가전제품의 위상은 그것과 전혀 다른 것이 아닌가, 하는 의심이 들 수 있다.

하지만 나의 마음속에서는 네 가지 장르가 일관된 사고의 고리로 밀접하게 연결되어 있다. 사실 '가전제품의 이노베이션'이라는 발상을 얻은 것은 '다이칸야마 츠타야서점'을 개점한 직후였다.

애당초 TSUTAYA는 '다이칸야마 츠타야서점'을 포함하여 서적이나 영화, 음악이라는 '소프트웨어'를 통해 라이프 스타일을 제안해 왔다. 그것이 가능했다면 반대로 물건이라는 '하드웨어'를 통해서도 제안을 실행할 수 있지 않을까, 하는 생각이 들었다. 거기에는 구체적인 계기도 있었다. 바로 iPhone이다.

세계를 송두리째 바꾼 이 엄청난 도구를 만들어 냈을 때 스티브 잡스가 하고 싶었던 말은 "좀 더 많은 커뮤니케이션을 하자."라는 것이 아니었을까. 그야말로 라이프 스타일을 제안한 것이다. 그 제안을 구현하는 존재로서 iPhone이 탄생했다. 잡스는 iPhone이라는 물건을 판매하려 했던 것이 아니라 그것을 통해 라이프 스타일을 제안했다. 그러지 않았다면 아마 iPhone은 전 세계인의 마음을 사로잡을 수 없었을 것이다. 물건 자체는 본질적으로 국지적(local)이고 선택적(selective)이다. 그래서 마케팅이 존재한다. 타깃을 정하고 매력을 어필하는 수법을 통해 판매 계획을 세운다. 그러나 '그것'이 단순한 물건을 초월해 그 안에 일종의 철학, 바꾸어 말하면 라이프 스타일의 제안이라는 의미가 들어간다면 그 물건은 국경, 인종, 세대, 성별을 초월할 수 있는 날개를 얻을 수 있다.

'다이칸야마 츠타야서점'을 개점했을 때, 나조차도 '예상

밖'이라고 생각할 정도로 많은 고객들이 찾아 주었다. 그들은 분명 라이프 스타일을 제안받기를 원하며 이곳을 방문한 사람들이었으리라. 그렇기 때문에 '다이칸야마 츠타야서점'과 iPhone이라는 두 개의 상이 겹쳤을 때, 가전제품의 이노베이션이라는 주제가 자연스럽게 부각된 것이다.

그리고 사실 이 이노베이션을 처음으로 일으킬 장소는 이미 정해져 있다. 세타가야(世田谷) 구의 후타코타마가와(二子玉川)다. 이 지역에 2200평 규모의 넓은 상점을 만든다. 1층과 2층에 TSUTAYA를 전개하고 3층과 4층에는 시네마 콤플렉스(cinema complex), 그리고 그 위에는 라쿠텐(樂天: 일본 인터넷 오픈 마켓. — 옮긴이)의 본사 사무실이 들어간다. IT 기업의 입점 상태를 보면, LINE(NAVER Japan에서 제공하는 글로벌 모바일 메신저 서비스. — 옮긴이)이나 DeNA(모바일을 기반으로 한 인터넷 회사. — 옮긴이)는 시부야의 히카리에(시부야에 위치한 인기 있는 복합 문화 공간. — 옮긴이)에 사무실을 두었고, 라쿠텐은 후타코타마가와에 있다. 이 말은, 시부야에서 후타코타마가와에 이르는 지역이 이른바 일본의 비트 밸리(Bit Valley: 도쿄 시부야의 인터넷 관련 벤처 기업들이 집중되어 있는 주변 지역을 아우르는 명칭. 시부야라는 지명을 표기하는 한자 '澁い=Bitter'와 '谷=Valley'를 줄여 Bit Valley라고 이름 붙인 것. ― 옮긴이)가 되리라는 의미다.

일찍이 시부야와 후타코타마가와 사이는 통칭 '쟈리텐'이라고 불리던 도큐(東急) 다마가와(玉川) 선이 이어져 있었다.(지금도 JR시부야 역 야마노테 선 외곽 플랫폼에 남아 있는 '다마가와 개찰구'를 통해 그 자취를 찾아볼 수 있다.) 쟈리텐은 다마가와에서 채굴된 자갈을 수송하기 위한 노선으로, 그렇게 운반된 자갈은 콘크리트 건축물의 재료가 되었다. 그 장소에 이제 IT 벨트가 만들어지고 있다. 마치 지적자본 시대로의 전환을 상징적으로 보여 주는 듯한 느낌이다.

CCC는 바로 그런 장소에서 가전제품의 이노베이션을 시작할 것이다.

기존의 가전제품 양판점은 상품에 따라 구역을 나눴다. 텔레비전 구역, 냉장고 구역, 에어컨 구역, 세탁기 구역……. 다양한 기업의 여러 기종을 모아 놓고 고객의 선택을 유도하려면 이 방식이 효율적이었을 것이다. 단, 거기에 '제안'은 없다. 기껏해야 '설명'이 존재할 뿐이다. "기종 간의 차이는 설명해 줄 테니까, 나머지는 당신이 알아서 선택하라."라는 자세다. 이래서는 인터넷상의 매장을 이길 수 없다. 상품을 갖춘다는 측면에서 인터넷이 훨씬 더 우위에 놓여 있다는 사실은 이미 설명한 대로다. 실제로 아마존은 전체

규모에서 볼 때, 나카노(中野) 구의 면적과 거의 비슷한 크기의 창고 공간을 확보하고 있다. 따라서 매장에 진열할 수 있는 상품 구성이라는 측면에서, 오프라인 매장은 도저히 인터넷 상점을 압도할 수 없다.

그래서 CCC는 매장을 라이프 스타일을 제안해 주는 형식으로 재편했다. '영화를 즐긴다.', '집에서 생활의 여유를 맛본다.', '소통을 창출한다.'…… 이렇게 주제별로 구분된 구역 안에서 보다 구체적인 제안을 실행하고 그 제안을 가능하게 하는 가전제품을 상품 분류 기준을 초월해 진열한다. 즉, 제안하는 라이프 스타일에 필요한 상품만 진열하는 것이다. 애플스토어를 보아도 그곳에서 판매하는 제품은 iPhone과 iPad와 Mac이다. 기껏해야 세 종류 정도에 불과한데도 늘 혼잡하다. 애플이 제안하는 라이프 스타일에 고객이 끌리기 때문이다. 그리고 "그 라이프 스타일을 실현하기 위해 필요한 것은 이것과 이것과 이것입니다."라고 제시해 주기 때문이다.

우리도 현대 도시 생활자들의 가슴을 파고들 수 있는 제안을 100가지 이상 내놓을 수 있다면 이노베이션은 반드시 실현될 것이다.

그것은 가전제품 판매점이라기보다 잡지에 가깝다. '좀 더 가슴 설레는 생활을 하자!'라는 방침 아래, 100가지에 달하는

매력적인 특집 기사가 편집되어 있는 공간. 그렇게 생각하면
이해가 빠르다.

조금 덧붙이자면 서적이 라이프 스타일의 제안 덩어리인
이상, 가전제품의 라인업을 통해 표현된 제안과 서적을
연결시켜 매장을 전개하는 방법론도 탄생할 수 있다. '남자도
요리를 하자!'라는 제안을 구현할 수 있는 가전제품과 남성을
위한 요리책이 하나의 공간에 공존하는 것이다. 나아가 그곳에
주방을 설치해도 좋다. 주말에는 남자를 위한 요리 교실을
개최하는 것도…….

그렇게 만들 수 있다면, 그곳은 이제 가전제품 판매점도
아니고 서점도 아니다. 일찍이 TSUTAYA가 영화, 음악,
서적의 복합체라는 이전까지 없었던 MPS라는 개념을 제시한
것처럼, 이번에는 가전제품과 서적을 결합해 제안하는 것이다.
이른바 미래형 TSUTAYA다. 그렇다, TSUTAYA의 미래상은
후타코타마가와에 있다. '가전제품 이노베이션'은 다른
측면에서 보면 'TSUTAYA 이노베이션'인지도 모른다.

## 15

지금까지 CCC가 창출하려 하는 네 가지 이노베이션에 관해
설명해 왔다. 서점, 도서관, 상업 시설, 그리고 가전제품. 이것들
모두 무에서 유를 창출하려는 시도가 아니다. 기존의 공간이나
영업 실태에, 지금까지와는 다른 각도의 빛을 비추고 각각의
시대 상황에 보다 적합한 방향성을 부여하려는 시도일 뿐이다.

하지만 그것을 실현하려면 또 하나의 이노베이션이
필요하다. '데이터베이스 이노베이션'이다.

여기에서 잠깐, 독자 여러분에게 질문을 던지고 싶다.
CCC를 아는 사람이라면, CCC를 어떤 회사라고 생각하고

있을까?

'TSUTAYA는 기획·운영을 실행하는 회사'라고 인식하고
있는 사람이 가장 많을 듯하다. 또는 CCC라는 회사의 이름을
T포인트나 T카드를 통해 기억하는 사람도 있을 수 있다. 실제로
T포인트는, 현재 기획 회사 CCC가 제시하는 거의 모든 기획을
배후에서 지탱해 주고 있다.

현재 T회원 수는 약 5000만 명(2014년 7월 현재)이다. 일본
국민 2.5명 중 1명은 T포인트를 가지고 있다는 계산이 나온다.
이 서비스는 업종을 가로질러 113개 업체(2014년 7월 현재)와
제휴를 맺고 고객에게 포인트를 제공하고 있다. 예를 들어
패밀리마트에서 쇼핑을 해도, ENEOS(닛폰오일코퍼레이션. 도쿄에
본사를 둔 일본 최대의 정유 회사로 NOC, 또는 '신 니세키'라고도 불리며
ENEOS라는 브랜드를 앞세워 제품을 판매하고 있다. ― 옮긴이)에서
기름을 넣어도, 카메라노키타무라에서 사진을 인화해도,
《마이니치신문》을 구독해도, 그리고 물론 TSUTAYA에서
책을 구입하거나 CD 또는 DVD를 대여해도, 전국 22만 개가
넘는 T포인트 가맹점에서 자유롭게 사용할 수 있는 포인트가
주어진다.

이 카드는 내가 겪은 지극히 개인적인 경험에 의해
탄생했다. 포인트 서비스를 운영하기 시작한 때는 2003년

10월이었다. 그때까지 나의 지갑은 다양한 상점에서 발행된 포인트 카드로 가득 채워져 있었다. 하지만 막상 필요한 카드를 사용할라치면 무엇이 어디에 있는지 몰라 당황하곤 했다. 정말 답답했다. 그래서 "만약 모든 상점에서 한 장의 카드로 포인트를 결제할 수 있으면 얼마나 편할까?" 하는 생각을 하게 된 것이다.

물론, 당시에 그런 꿈같은 카드는 없었다. 그러나 '없다.'라는 이유로 포기해서는 아무것도 시작할 수 없다. 없다면 만들어 내면 된다. 사람들은 그런 나를 보고 "그런 꿈같은 일을……." 하며 비웃었다. 그런데 가만히 생각해 보면 그런 비난이 더 우습다. 사실은 '꿈만이 실현되기 때문'이다. 누군가가 꿈꾸었던 것이 현실 세계에 나타나는 것, 그것이 이노베이션이다. 어느 누구의 꿈에도 나타난 적이 없는 것은 절대로 실현될 수 없다.

그렇게 '마스다 무네아키' 단 한 사람의 감각에서 출발한 카드가 이제는 5000만 배로 성장했다. 천문학적인 성장률이다. 카드의 이노베이션이 실현된 것이다.

앞으로는 이것을 데이터베이스 이노베이션으로 발전시켜야 한다. 즉, 이 구조에서 얻을 수 있는 데이터를 바탕으로 구매자의 모습을 추론해(profiling) 나가는, 새로운 차원으로 T포인트 사업을 전개해야 한다.

T포인트는 업종을 횡단하기 때문에 예를 들어 '이런 음악을

좋아하는 사람은 이런 장소에서 아침 식사를 즐기는 경우가 많다.'라는 등의 경향을 '포인트 분석'을 통해 이끌어 낼 수 있다. 음악과 음식이라는 장르의 장벽을 초월해 고객의 모습을 입체적으로 그려 나갈 수 있는 것이다.

물론, 샘플이 수십 명이나 수백 명뿐이라면 이뤄질 수 없는 일이다. 그러나 5000만 명이라면 이야기가 달라진다. 보다 정밀한 추론을 할 수 있다.

이에 의문을 던지는 사람도 있을 것이다. 왜 굳이 추론을 해야 할 필요가 있을까, 하고 말이다.

당연히 제안을 위해서다. 그것이 답이다.

서드 스테이지는 제안의 시대다. 고객에게 얼마나 정확한 제안을 할 수 있는가, 하는 것이 비즈니스의 성패를 가른다. 세컨드 스테이지에서의 사업은 플랫폼을 만들거나 그곳에 상품을 진열하는 것만으로도 충분했다. 즉, 사업자와 고객 사이는 '1→n'의 관계였기 때문에 하나의 해법을 가지고 불특정 다수(고객)의 요구에 대응할 수 있었다. 그러나 제안 단계에 이르면 그런 방식으로는 고객의 요구에 대응할 수 없다. 제안은 기본적으로 '1→1'의 도식 안에서만 가능하기 때문이다. 제안은, 상대방이 지향하는 것이 무엇인지 이해하고 필요한 것이 무엇인지 파악한 이후에 실행에 옮겨야 비로소 효과를 거둘 수 있다. 그렇다, 제안을 하려면 상대를 알아야 한다. 그리고 상대를 이해하기 위한 수단으로서 추론이 중요하다.

더 나아가 이 네 가지 이노베이션에는 결코 빼놓을 수 없는 존재로서 접객 담당자가 존재했다. '1→1'의 도식 안으로 뛰어들어 상대에게 정확한 제안을 하기 위해서다. '다이칸야마 츠타야서점'에도 접객 담당자가 존재하고 다케오 시립 도서관에도 있다. 물론 '우메다 츠타야서점'에도 배치될 예정이다. 그 존재가 없으면 네 가지 이노베이션은 성립될 수 없다.

하지만 이 접객 담당자는 아무나 할 수 없다. 그들 각자야말로 지적자본을 보유한 자본가여야 하기 때문이다. 기획 회사로서는 당연히 그런 인재를 항상 발굴하거나 양성하려고 노력을 기울여야 한다. 더불어 네 가지 이노베이션을 전국으로 확대하려면 항상 정확한 제안을 할 수 있는 시스템을 만들어야 한다. 그렇기 때문에 추론이 필요한 것이다.

이렇게 보면 데이터베이스의 이노베이션이란, 이른바 지적자본의 오픈 리소스(open resource)화라고 이해할 수 있을 것이다. 이렇게 생각해 보자. 어떤 질병이 발생했을 때 지극히 한정된 의사만 치료할 수 있다면 인간의 평균 수명은 연장되지 않는다. 그 치료를 통해 목숨을 건지는 사람이 있기는 할 테지만 그런 혜택을 누릴 수 있는 사람의 수가 너무 적기 때문이다.

그러나 약이 개선되거나 의술이 보급된다면, 즉 의료 기술을 오픈 리소스화한다면 수많은 생명을 구할 수 있고 결과적으로 평균 수명 또한 연장될 것이다.

네 가지 이노베이션을 전국으로 확대한다는 기획은 결코 CCC라는 회사의 이기주의 때문에 나온 것이 아니다. 예를 들어, 다케오 시는 다케오 시립 도서관에 의해 확실히 활성화되었다. 신축 건물도 증가하는 추세라고 한다. 즉, 지역 부흥에 기여, 공헌했다. 우리가 이노베이션을 확대하려는 이유는 그것이 지역 활성화를 도울 수 있다고 믿기 때문이다. 그리고 그 믿음에는 근거가 있다.

그런 이노베이션을 가능하게 하기 위해 데이터베이스 이노베이션을 이뤄야 한다. '빅 데이터'라는 말을 자주 들었을 테다. 그것이 우리가 생활하는 지역의 활성화라는 형식으로 환원될 수 있다면, 이보다 더 유익하게 빅 데이터의 가치를 살릴 수 있는 방법이 또 있을까?

그리고 그것이 실현되었을 때, "지갑이 너무 부풀어 올라서 귀찮아."라고 불평하던 단 한 사람의 감각에서 출발한 카드 이노베이션의 여정이 마침내 하나의 목표에 도달했다고 말할 수 있을 것이다.

지금 나는 그런 생각에 잠겨 있다.

# 결

## 結.

회사의 형태는

메시지다

마스다 무네아키가 생각하기에 회사는 그 자체로 미디어다.
가령 동일한 내용을 전달하더라도 CCC 사원의 이야기와
다른 회사 명함을 가진 사람의 이야기는 고객에게 각기 다른 방식으로
받아들여진다. 즉 브랜드가 정보의 전달 방식에까지
영향을 끼치는 것이다. 결국, 회사 그 자체가 미디어로서 작용하는 것이다.
따라서 회사의 형태를 변경하는 것만으로도 하나의 메시지가 될 수 있다.
특히 CCC의 경우, 기업 형태가 자주 수정되고 있으며 2014년에는
더욱 거대한 전환을 준비하고 있다. 그 전환을 통해 고객에게,
그리고 사원에게, 마스다는 무엇을 이야기하려는 것일까?
이번 장에서는 그 의도하는 바를 마스다의 언어로 설명해 보겠다.

## 16

어느 날 아침, 회사에 출근해서 엘리베이터에 올라탔다.

함께 탑승한 젊은 남성 사원이 내 얼굴을 보고 "안녕하세요!" 하고 인사를 건넸다. 나도 "안녕하세요."라고 인사를 했다.

다음 순간, 강한 위화감을 느꼈다.

그가 누구인지 기억나지 않았기 때문이다.

나는 TSUTAYA 1호점인 '츠타야서점 히라카타점'을 개점하기 전해인 1982년, 역시 히라카타 역 앞에 있는 건물 5층에 커피숍 겸 임대 레코드 가게인 'LOFT'를 열었다.

샐러리맨 생활에서 벗어나 처음 시작한 사업으로 '개인 상점'에 가까운 것이었다. 그로부터 30년 이상을 거치면서 이제 회사에는 내가 얼굴을 잘 모르는 사원들까지 일하고 있다. "우리 회사가 이 정도까지 성장했다니!" 하고 기뻐해야 할까. 아니, 나는 그렇지 않다고 생각했다.

나는 사장이다. 그렇기 때문에 그 사원은 내가 누구인지 즉시 알았을 것이다. 하지만 만약 내가 사장이 아니었다면 어땠을까. 적어도 나는 그를 잘 모른다. 그 역시 같은 CCC에 근무하면서 얼굴을 알아보지 못하는 사원이 적잖이 있을 것이다. 얼굴도 잘 모르는 사람들끼리 모여 있는 집단이 하나의 팀으로서 위력을 발휘할 수 있을까?

나는 사무실이 위치한 층에 엘리베이터가 도착하기 전에 이미 마음을 정했다.

회사를 축소하자!

<u>좀 더 휴먼 스케일을 갖춘 회사를 만들어야 한다.</u>

조직으로서 지나치게 성장한 CCC를 보다 기동성 있는 조직으로 만들어야 한다. 즉, 분사화(分社化)다.

## 17

나를 평할 때 "마음이 자주 바뀐다."라고 말하는 사람이
있다.

하지만 나로서는 이런 평가에 동의하기 어렵다. 좋고
나쁜 수준의 문제가 아니라, 나는 내 사고방식이 기본적으로
시종일관 변하지 않는다고 생각하기 때문이다. 실제로 그 '물적
증거'가 되는 물건도 가지고 있다.

그것을 독자 여러분에게 공개하는 일은 뒤로 미루기로
하고, 우선 내게 변덕이 많다고 하는 사람의 의견에 대해 생각해
보자. 그중에는, CCC가 기업으로서 지나온 격렬한 형태 변화를

근거로 드는 사람도 있다.

　그래서 여기에서 잠깐, CCC의 역사를 돌아보고 싶다.

　1982년에 'LOFT'를 만든 나는, 이듬해 그 콘셉트를 심화해 '츠타야서점 히라카타점'을 개점했다. TSUTAYA의 탄생이다.

　그리고 회사의 형태라는 의미에서 생각해 보면, 그다음 해에 오사카 부 스이타(吹田) 시에 문을 연 '츠타야서점 에사카(江坂)점'도 내게는 획기적인 결과물이었다. 그곳에는 TSUTAYA와 카페, 기획 사무실이 복합되어 있었기 때문이다. 매장이 사무실과 연결될 경우, 눈앞에서 고객의 모습을 볼 수 있다. 사원들에게는 고객 가치가 어디에 존재하는지, 그 실체를 피부 감각으로 느낄 수 있는 기회가 주어진다. 나아가 그 자체가 제안 덩어리이며 기획을 입안할 때에 더할 나위 없이 유용한 자료로 활용할 수 있는 국내외의 잡지와 책도 마음 내킬 때마다 얼마든지 찾아볼 수 있다. 만약 일에 지치면 카페에서 머리를 식힐 수도 있다. 그 모든 상황에서, 사원의 시야엔 고객의 모습이 들어온다. 그 모습을 지켜보는 동안에 떠오르는 아이디어도 적지 않다.

　이런 이미지는 30년 후에 '다이칸야마 츠타야서점'의 콘셉트로 수렴되었다. 어떤가, 시종일관 똑같지 않은가?

　그리고 이 에사카점의 성공은 사업적 측면에서도 하나의

전환점이 되었다. 노하우를 가르쳐 달라는 수많은 요청을
받았기 때문이다. 그래서 TSUTAYA의 프랜차이즈를
전개하기로 결심하고, 1985년에 그것을 네트워크화하고
통합하는 존재로서 컬처 컨비니언스 클럽 주식회사, 약칭하여
CCC를 설립한 것이다.

그 이후부터 CCC는 상황에 맞춰 형태를 바꾸어 간다.
2000년에 도쿄 증권 시장의 마더스(Mothers: Market of the high
growth and emerging stocks의 약칭으로, 도쿄 증권 거래소가 개설한
신흥 기업용 주식 시장이다. ─ 옮긴이)에 상장(2003년에 도쿄 증권
제1부로 변경)했고, 2006년경 한 차례 분사화를 도모한다.
그리고 2009년에는 77개 사로 성장한 그룹을 다시 하나(CCC)로
통합, 2011년에 MBO(management buyout)를 통해 회사를
비상장했다.

그리고 2014년 현재, 나는 다시 분사화를 시도하고자 한다.
분사화를 통해 새롭게 탄생하는 회사는, 다시 상장화를 염두에
두고 있다.

이렇게 과거를 돌이켜 볼 경우, 표면적인 모습만 보면
'변덕'이 많은 것처럼 비칠지도 모르지만, 그 저변에 깔린
흐름만큼은 절대 그렇지 않았다.

CCC가 항상 가장 중시하는 것은 고객 가치다. 그것을

최대화하려면 무엇을 해야 할까, 하는 것이 CCC의 변함없는 관점이다. 그런 점에서 CCC는 전혀 변하지 않았다. 예를 들어, 상장을 한 이유는 수입 기반을 안정시키고 고객 가치를 창출하기 위한 기획을 자유롭게 내놓기 위해서였다. 그리고 10년 후에 MBO를 통한 비상장화를 선택한 이유는 주주가 아닌 고객을 위한 기획을 더 많이 내놓기 위해서였다. 회사의 성장이 그것을 가능하게 해 주었다. 세분화되어 있던 그룹 기업을 통합한 것도 'CCC의 모든 저력'을 결집시키는 방식으로 고객 중심의 기획력을 고양하려 했기 때문이다.

그런데 다시 분사화라는 길을 선택한 이유는 무엇일까?

여기에는 회사의 자산이 가진 의미의 변화가 큰 영향을 끼쳤다. 지금까지 설명한 대로 재무자산에서 지적자산으로의 변화다.

예를 들면, 브랜드 파워는 대차대조표에 기재되지 않는다. 가령 평범한 가방일 때는 흥미를 느끼지 않다가도 에르메스의 가방이라면 반드시 가지고 싶어 하는 사람이 전 세계에 수없이 존재한다. 이것이 브랜드 파워이고, 에르메스는 그러한 자산을 확실하게 보유하고 있다.

CCC를 예로 들면, 5000만 명에 이르는 엄청난 수의 데이터베이스가 있다. T포인트에는 매우 폭넓은 분야의 다양한

기업이 참가하고 있다. 따라서 생활의 거의 모든 부분을 망라할
수 있을 정도의 구매 정보가 축적, 갱신되어 있다. 이런 브랜드
파워나 데이터베이스, 또는 풍부한 견식과 경험을 갖춘 접객
담당자 등, 대차대조표에는 실리지 않는 지적자산이 앞으로의
비즈니스에서는 사활을 판가름하는 요소가 되는 것이다. 나는
그런 예상을 바탕으로 사업을 추진해 왔다.

그러던 어느 날 아침, 엘리베이터 안에서 만난 우리 회사
직원의 얼굴을 알아볼 수 없을 정도로까지 지나치게 거대해진
조직에 대해 다시 한 번 생각해 보게 됐다. 그리고 조직이
적절한 규모를 넘어 지나치게 거대해지면 지적자본을 축적할
수는 있어도 그것을 고객 가치로 전환시키지 못할 가능성이
높아지는 것은 아닐까, 하는 생각을 품게 되었다. 간단히
말하면, 보물을 손에 움켜쥐고 썩히는 꼴이다.

활기가 넘치는 소규모의 벤처라면(물론 CCC도 일찍이 그런
모습이었지만) 사원들 각자가 고객을 '페이스 투 페이스'(face
to face)로 응대하기 때문에 회사에 축적된 지적자본과 고객을
접하는 현장 사이에 괴리감이 발생하지 않는다. 그러나 회사가
거대해지면 조직은 그것을 운영하기 위해 세로로 분할, 즉
직렬형이 되어 버린다. 즉, 역할과 계층이 형성되고 만다. 그
결과, 지적자본과 현장이 분리되어 버린다.

지적자본론

    지적자본을 축적한다는 목적으로 '○○ 종합 연구소'
따위의 조직을 구성하는 회사를 흔히 찾아볼 수 있다. 그 자체로
비난받을 일은 아니지만 문제는 그 연구소가 축적한 지적자본이
해당 회사의 무기가 되어 현장에서 활용될 수 있는가, 하는
것이다. 연구소는 데이터베이스에 데이터를 단순히 저장만 할
뿐, 현장에 데이터베이스가 존재한다는 사실조차 인식하지
못하는 경우를 흔히 볼 수 있다. 이것이야말로 난센스다. CCC가
그런 상황에 놓이지 않도록 하기 위해 분사화를 결단한 것이다.

    CCC의 역사를 돌이켜 보아도 그룹 기업을 통합한 것은
2009년이다. 2006년부터 T포인트 제휴 기업에서도 T카드를
발행하기 시작했지만 우리는 그것을 통합해 일체화함으로써
지적자본인 데이터베이스 구축 작업에 착수할 수 있었다.
결과적으로 일본 국민의 3분의 1 이상에 해당하는 사람들의
소비 행동을 추적하고 관찰해 마케팅에 활용할 수 있는
데이터베이스를 보유할 수 있게 됐다. 사실, 데이터베이스를
구축하고 성장시키는 단계에서는 어느 정도 스케일을 갖춘
회사여야 할 필요가 있다.

    이제 그 단계를 거친 CCC의 모든 사원들은 데이터베이스와
직접 연결되어 그것(지적자본)을 활용해 고객 가치를 확대할 수
있는 기획을 내놓아야 한다. 따라서 조직은 지적자본과 현장이

분리되는 일 없이, 휴먼 스케일에 기초한 존재가 되어야 한다. 그런 의미에서 CCC가 걸어온 길은, 그리고 2014년의 재편은 이른바 필연적인 연쇄 고리다.

덧붙여 이번 재편의 진정한 목적은 '분사'라기보다는 '창업'에 가깝다. 하나의 회사를 '사업마다 다른 회계 방식을 적용하는 회사로 나누었다.'라는 것이 아니라, 지난 수년 동안 구축된 데이터베이스라는 공통의 백그라운드를 공유하면서 각각의 고객과 '페이스 투 페이스'로 대응하는, 풍부한 기동성을 갖춘 회사를 새롭게 만들어 내는 것이다.

회사에는 수명이 있다.

일본의 경우, 설립한 지 30년 후에도 살아남은 기업이 과연 몇 퍼센트나 될까. 작년에 발행된 호소야 이사오의 『회사의 노화는 막을 수 없다(會社の老化は止められない)』에 따르면 겨우 0.02퍼센트에 지나지 않는다고 한다. 0.02퍼센트라니! 무려 99.98퍼센트에 이르는 회사가 설립한 지 30년 만에, 아니 채 못 되어 파산하거나 폐업하거나 다른 기업에 흡수된다는 말이다.

CCC는 설립한 지 29년이나 흘렀다. 이제는 회사의 형태를 다시 한 번 생각해 볼 필요가 있다. 묵묵히 일만 해서는 10년 후, 30년 후, 50년 후까지 존속할 수 없기 때문이다.

따라서 지금이야말로 다시 창업을 해야 한다. 회사의 수명을

길게 잡아 30년이라고 한다면, 스스로의 몸을 불태워 거기에서 새로운 생명으로 재탄생하는, 데즈카 오사무(手塚治虫: 일본의 만화가. ― 옮긴이)의 「불새(火の鳥)」 같은 결단이 미래의 회사에는 필요하다. 그런 관점에서 탄생한 새로운 생명이, 이를테면 이번 재편을 통해 태어난 것이 각각의 회사다.

단순히 분사화하는 것만으로는 살아남을 수 없다. 그것이 창업이어야 한다. 사원들 각자가 그 '산고'를 겪지 않으면 미래를 열 수 없다. 비즈니스 세계에 미리 준비된 길은 없다. 지금까지 걸어온 길은 끝났다. 이제는 새로운 길을 열어야 할 때다.

## 18

그렇게 탄생한 휴먼 스케일의 회사. 그 회사를 구성하는
'휴먼'은 어떤 인간이어야 할까?

대답은 간단하다. 자유로워야 한다는 것이다.

그곳은 직렬형 조직이 아니다. 인간 한 사람 한 사람이
병렬로 연결되어 각각의 힘을 모아 기능을 높여 가는
클라우드적 발상에 근거한 조직이다. 수직 관계의 멍에로부터
자유로워진 인간만이 그런 조직을 구성할 수 있는 자격을
가진다.

그러나 자유는 냉엄하고 어려운 것이다. 자유의 의미에

대해서는 이 책의 '서장' 부분에서 이미 설명했으니까 여기에서 다시 되풀이하지 않겠다. 단, 자유로워지기 위해서는 사명감이 필요하다는 점을 다시 한 번 강조해 두고 싶다. 단순히, 하고 싶지 않은 일을 하지 않는 것은 자유가 아니다. 해야 할 일을 한다는 것이 자유다. 하지 않으면 안 된다는 이성의 목소리를 따르는 자유는 인간에게만 주어진 것이다. 그리고 비즈니스 역시 인간만이 할 수 있는 것이다.

사실 다른 사람 밑에서 관리를 받는 쪽이 편하다. 그곳에서는 자유가 필요 없다. 자유라는 역경을 이어받지 않아도 되는 것이다. 상사가 명령하는 대로 움직이면 되고, '보고-연락-상담'만 잘하면 된다. 그러나 휴먼 스케일의 조직, 클라우드 형태의 병렬형 조직 안에서는 '상사—부하'라는 직렬형 관계에 머물러 있을 수 없다. 회사의 지적자본인 데이터베이스를 활용해 자유롭게 기획을 세워야 한다.

그리고 또 한 가지 필요한 자질이 있다면 그것은 사랑이다.

이렇게 말하면 비웃음을 살지도 모른다. 하지만 『어린 왕자』를 쓴 생텍쥐페리의 이 유명한 말을 듣는다면, 당신은 어떻게 생각할까?

"사랑이란 서로 마주 보는 것이 아니라 같은 방향을 바라보는 것이다."

직렬형 관계 속에서는 '마주 보는' 경우가 자주 발생한다. 부하 직원은 상사를 보고, 상사는 부하 직원을 본다. 그것에 만족하면, 진정한 의미의 신뢰나 공감은 탄생하지 않는다. 따라서 그처럼 폐쇄된 관계에서는 자유로운 발상 또한 나올 수 없다.

휴먼 스케일의 조직은 다르다. 그곳에서는 사원들이 병렬 관계에 놓여 있기 때문에, 모든 조직원이 '상사─부하' 관계가 아니라 기본적으로 '동료'다. 동료이기 때문에 동일한 위치에서 같은 방향을 바라본다. 그들이 바라보는 방향은 당연히 고객이다. 눈앞에는 항상 고객이 존재한다. 그렇게 같은 방향을 바라보면서, 고객 가치를 높이려면 어떻게 해야 좋은지 각자 자유롭게 구상하면서 클라우드적으로 기획을 실현해 나간다. 그런 과정을 통해 싹트는 동료에 대한 공감과 신뢰는 조직을 구성하는 사원들 각자를 연결해 주고 조직에 형태를 부여한다.

내가 이상적이라고 생각하는 조직은 '정어리(鰯) 떼'다. 정어리는 물고기 어(魚) 변에 약할 약(弱) 자를 붙여 표현할 정도로 한 마리뿐일 때는 한없이 나약한 물고기다. 그래서 그 무력함을 보완하기 위해 떼를 지어 몰려다닌다. 그러다 대형 물고기에게 습격을 당하면, 정어리 떼는 그 자체로 마치 하나의 거대한 생명체인 양 집단을 유지한 채 이리저리 방향을 바꾸며

습격을 피한다. 한 마리, 한 마리는 각각 독립된 개별 존재이고, 무리를 통솔하는 리더가 따로 존재하는 것도 아니지만 그들은 무리 안에서 통일된 행동을 취하며 집단을 유지한다. 이것이야말로 앞으로의 비즈니스가 단위별로 갖춰야 할 모습이 아닐까.

이것은 조직 안에 원심력과 구심력이 유기적으로 작용할 때에만 가능하다. 원심력만으로는 조직이 흐트러져 통합된 힘을 발휘할 수 없다. 또 구심력만으로는 조직이 서로의 눈치를 살피는 집단이 되어 버려 효과적인 기획을 내놓을 수 없다.

기획 회사에 적용한다면, 원심력이 향하는 방향은 고객이고 구심력이 향하는 방향은 동료다. 사원들 각자가 고객에게 향하는 힘과 동료에게 향하는 힘을 동등하게 유지할 수 있어야 정어리 떼 같은 기동성을 구현할 수 있다.

그렇기 때문에 자유와 사랑이 중요하다. 자유는 원심력을 낳고 사랑은 구심력에 대응한다. 사랑을 신뢰나 공감이라는 말로 치환해도 좋다. 어쨌든 그런 가치관을 보유하고 지속할 수 있는 사람이야말로 휴먼 스케일 조직의 사원으로서 어울리는 인물이다.

## 19

지금 '휴먼 스케일 조직'에 관한 이야기를 하고 있다.

그것이 현재 내가 지향하는 회사의 형태다. 그런데 가끔, 이런 질문을 받는다.

"그 조직의 효율성은 어떻습니까?"

그렇다, 효율성. 오늘날까지 이 효율성이 비즈니스에서 가장 중요한 기준이었다. 사원들 각자가 효율적으로 일하는 상태가 갖추어지면, 생산성은 올라가고 불필요한 인건비 또한 줄일 수 있다. 결국 인건비가 줄면 수익률이 상승한다.

그렇게 생각해 보면 '휴먼 스케일 조직'은 효율적인

측면에서 불리할 수 있다. 자유 위에 서 있으니까.

수직적 조직의 사원은 수직 계통을 타고 위쪽에서 내려온 지시를 실행하면 그만이다. 그 정당성을 검토할 시간 따위는 필요하지 않다. 즉시 행동에 옮겨 '효율적으로' 성과를 올리기 위해 노력하기만 하면 된다. 그러나 자유에 기반을 둔 조직에서는 다르다. 자신이 해야 할 일을 한다는 자유를 실현하려면 우선 자신이 해야 할 일이 무엇인지를 자문해 보고 해답을 찾아내야 한다. 더구나 그 해답은 자기 내부에 존재하지 않는다. 해답은 항상 고객에게 있다. 그렇기 때문에 사원은 지시를 내리는 상사가 아니라 고객을 바라보아야 한다. 고객이 아닌 다른 장소에서 가져온 해답은 결국 독선적인 의견일 뿐이기 때문에 사용할 수 없다. 또 사건은 항상, 회의실이 아니라 현장에서 발생하기 때문에 현장으로 달려가 봐야 한다. 회의실에서 상사가 부하 직원에게 지시를 내리고 그것을 실행할 뿐인 조직에 비하면, '휴먼 스케일 조직'의 효율성은 떨어질 수밖에 없다.

그러나 효율이 절대적인 기준일까?

지금까지 인간 사회는 '보다 편리하게'라는 방향을 향해 진행되어 왔다. 보다 편리하게 이동하기 위해 철도가 부설되었고 고속 도로가 조성되었다. 보다 편리하게 사람들과

대화할 수 있도록 전화가 발명되었고 그것은 또 스마트폰으로
진화했다.

다림질을 하지 않아도 되는 형상 기억 셔츠. 때나 얼룩이
순식간에 빠지는 고압 세탁기. 부재중에 집을 청소해 주는 청소
로봇. 자동 충전을 해 주는 운임 정산 카드……. 모든 것들이
편리한 방향으로 나아간다. 수고를 줄이고 효율성을 높이는
방향으로.

그러나 효율과 행복은 다르다.

효율은 확실히 편리하고, 편리는 대부분의 경우 쾌적함을
이끌어 낸다. 단, 쾌적함과 행복은 등가가 아니다. 자동차가
다닐 수 없는 숲 속의 산책로를 지나가야 한다면 효율성은
떨어질 수밖에 없다. 그러나 그곳을 걸을 때 느낄 수 있는
행복감은 결코 효율성으로 환원되지 않는다. 그렇다, 어쩌면
효율과 행복은 서로 반대 방향을 향하고 있는 것이 아닐까.

나는 그런 생각을 바탕으로 '다이칸야마 T-SITE'를
창설했다. 효율성을 생각한 것이 아니라 정말로 기분 좋은,
편안한 공간을 고객에게 제공한다는 것을 첫 번째 목표로
삼았다. 그래서 각 입주자들은 숲 속의 산책로로 연결되어 있다.
부지 안에 원래 있었던 느티나무는 그대로 남겨 두었다. 절대로
베어 내지 못하게 했다.

지적자본론

생각해 보면 인간에게 '자연'만큼 효율성이 나쁜 것은 없다. 가령 나무를 심어 두면 가을마다 낙엽이 떨어져 청소를 해야 한다. 여름을 맞이하기 전에는 가지를 쳐 주어야 하는데 이것 역시 일손이 필요한 작업이다. 그러나 그 숲을 지나는 바람은 기분을 상쾌하게 만들어 주고, 흔들리는 나뭇가지 사이로 새어 드는 햇살은 정말 아름답다. 나는 다이칸야마에 자연을 느낄 수 있는 공간을 만들고 싶었다. 그쪽이 행복에 가깝다고 생각했기 때문이다.

주차장도 그렇다. 땅값이 만만치 않은 다이칸야마에 120평의 평면 주차장이라니, 당연히 효율성이 떨어지는 선택이다. 기계식 타워 주차장을 만든다면 부지를 훨씬 더 '효율적'으로 사용할 수 있고, 매장 면적도 늘릴 수 있었을 것이다. 그러나 그건 아니라는 생각이 들었다. 주차장에 자동차를 주차한 다음, 문을 열고 밖으로 나왔을 때의 상쾌한 느낌. 그것이 중요했다. 그런 상쾌함은 다음에 또 방문하고 싶게 하는 설렘과도 연결된다.

지적자본이 대차대조표에 실릴 수 없는 것과 마찬가지로 이런 상쾌함과 고양감은 숫자로 측정할 수 없다. 수량화할 수 없는 감각이야말로 행복과 가까운 것이 아닐까.

기획 회사는 고객 가치의 확대를 도모하는 회사다. 바꾸어 말하면, 고객에게 행복이나 풍요로움을 주기 위한 기획을 낳는 회사라는 뜻이다. 그 행복이나 풍요로움이 효율과는 다른 방향을 가지고 있는 이상, 기획 회사라는 조직의 완성도를 효율성으로 측정한다는 것 자체가 우습다. 내가 '휴먼 스케일'에 집착하는 이유는 그것이 효율적이어서가 아니라 행복에 다가갈 수 있는 방법이기 때문이다.

물론, 휴먼 스케일 조직의 구성원에게 일부러 효율성이 나쁜 일을 하라는 말은 아니다. 다만, 효율성을 유일한 잣대로 삼지 말라는 것이다. 효율성은 목표가 아니다. 어디까지나 결과의 한 측면에 지나지 않는다. 따라서 처음부터 그것을 추구해서는 안 된다.

이런 조직론 역시 내가 지난 30년 전부터 시종일관 지켜 온 것이다. 우리 회사의 이름을 떠올리면 금세 이해할 수 있을 것이다. 컬처 컨비니언스 클럽. 그렇다, '컬처'와 '컨비니언스'는 본래 정반대 방향에 놓여 있다. 그것을 융합하는 일이야말로 CCC의 변함없는 목표다.

# 20

나의 생각이 30년 전과 전혀 다르지 않다는 사실을 잘 보여
주는 예가 바로 컬처 컨비니언스 클럽이라는 사명(社名)이다.
그런데 내게는 또 하나의 '물증'이 있다. 이제 그것을 공개해
보겠다.

변혁의 시대인 1980년대, 간사이 최대의 베드타운인 히라카타
시에, '컬처 컨비니언스 스토어'라는 발상에 근거한 가게를 열고
싶다. 즉 문화를 가볍게 즐길 수 있는 상점으로서 레코드(렌털),
생활 정보로서의 서적, (렌털을 포함한) 비디오테이프 등을 갖춘

상점을 냈으면 한다. 그곳은 역 앞의 편리한 입지에 위치한, 밤 11시까지 영업하는 상점이다. 많은 비용이 들지 않는 '로프트 스타일'의 인테리어 환경을 조성하여 히라카타 시의 젊은이들에게 1980년대의 새로운 생활 스타일, 정보를 제공하는 거점으로 삼고 싶다. 그 이름은 LIFE INFORMATION CENTER 'LOFT'다. 개점 후에는 플레이 가이드(play guide: 각종 입장권의 예매나 안내를 도와주는 곳. ─ 옮긴이)나 주택 정보(임대 주택 중개), 인테리어 분야 등에도 도전해 보고 싶다. 그리고 이곳이 젊은이 문화의 거점이 되었으면 한다. 히라카타 역에서 이즈미야(和泉屋)로 이어지는 거리가, 미국의 서해안처럼 소통의 장소가 될 수 있도록 기폭제 역할을 하고 싶다.(원문 그대로 인용했다.)

이것은 1982년, TSUTAYA를 창업하는 데에 초석이 된 상점을 개점하기 위해 출자자를 모으려는 목적으로, 당시 31세였던 내가 작성한 '창업 의도'라는 제목의 글이다.

솔직히 "어때!" 하는 마음도 있었다. 현재 진행하고 있는 사업의 거의 모든 요소가, 이미 31세 때부터 내 머릿속에 존재하고 있었다. 컬처와 컨비니언스라는 상반되는 개념의 조합도, 서적을 생활 정보가 집약된 대상으로 보는 관점도. 주택 정보와 인테리어 분야 역시 '후타코타마가와 프로젝트'를 통해 실현하고자 준비하고 있다.

이 '창업 의도'는 펜으로 직접 쓴 것이다. A4 용지 한 장 분량의 기획서에 적었던 내용을 나는 지금도 실행에 옮기고 있다. '성장이 없다.'라는 말을 들을지도 모르지만, 나는 이것을 내 심지가 시종일관 흔들리지 않았다는 증거품으로서 여러분 앞에 제출하고 싶다.

한편, 그렇게 해서 개점한 TSUTAYA의 첫 매장 '츠타야서점 히라카타점'의 사무실 벽에는 붓으로 쓴 두 단어가 액자에 넣어져 오랜 세월 동안 자리를 지키고 있다. 특별한 단어는 아니다. 흔히 볼 수 있는 두 단어.

그것은 '약속'과 '감사'다. 그리고 이 두 가지 단어 역시 나의 '변함없음'을 보여 주는 증거다. 나는 2014년인 지금도 CCC의 사원들에게 필요한 자질로서 이 두 가지 단어를 이야기한다. 단지 변한 게 있다면 '츠타야서점 히라카타점'의 벽에 걸린 '약속'과 '감사'라는 두 글자는 내 어머니가 붓으로 쓰신 것이었는데, 현재 사원들이 보고 있는 '그것'은 파워포인트로 작성된 것이라는 점 정도다.

아무것도 아닌 말 같지만 지금도 나는 틈이 날 때마다 이 두 단어의 의미를 곱씹어 본다. 마치 맛있는 풀을 뜯어 먹는 소처럼. 그리고 그때마다 생각한다.

"약속을 하는 것은 간단해. 그러나 그것을 지키기는 어려워. 약속을 지키려면 감사하는 마음이 필요해."

이런 일이 있었다. 나의 30대 마지막 해의 어느 날, 나는 늘 신세를 지고 있던 분에게 감사의 마음을 담아 식사를 대접하기로 했다. 약속 장소가 코스 요릿집이었기 때문에 저녁 7시에 만나기로 했다. 하지만 그날 잡혀 있던 잡지 취재가 지연된 데다 식당으로 막 움직이려는 찰나에 급한 방문객이 두 명이나 겹쳐 찾아왔다. 약속한 분에게 연락을 넣기는 했지만 레스토랑에 도착했을 때에는 이미 변경한 시간보다 훨씬 늦고 말았다.

상대는 그 자리에서 아무런 말도 하지 않았다. 그러나 후일, 내 사무실 책상에 친전(親展: 편지를 받을 사람이 직접 펴 보라고 편지 겉봉에 적는 말. — 옮긴이)이라고 인쇄된 봉투가 도착했다. 그 내용을 읽어 보고 나는 눈물을 흘렸다. 내가 얼마나 독선적이었는지 처음 깨달았다. 그리고 그분에게 깊이 감사를 드렸다. 그분과의 사건을 계기로 두 번 다시 약속을 어기지 않겠다고 마음속으로 맹세했다.

그렇다, 약속을 하는 것은 간단하지만 그것을 지키기는 어렵다. 그 어려운 일을 해내기 위해서는 감사하는 마음이 필요하다. 그것 없이 약속을 지킬 수 있을 정도로 의지가 강한 사람은 드물다.

어딘가 '자유'와 '사명'의 관계와 비슷하지 않은가. 자유를 입에 담기는 간단하지만 지속적으로 자유를 유지하기란 매우 어려운 일이다. 그것을 관철하려면 사명감이 필요하다.

자유. 좋아하는 사람과 함께 좋아하는 일을 할 수 있는 자유. 그것을 얻으려면 신용이 필요하다. 약속을 지키고 감사를 잊지 않는 인간으로서 신용을 얻어야, 그런 사람이 되기 위해 지속적으로 노력을 기울여야, 인간은 비로소 자유를 손에 넣을 수 있는 자격을 얻는다.

난 CCC의 사원들이 늘 자유롭기를 바란다. 그래서 나는 이 '약속'과 '감사'라는 말을 사원들에게 유난히 강조한다. 물론, 나도 스스로에게 틈이 생길 때마다 이것을 되새기곤 한다. 이 두 가지 단어 안에, 내게 반드시 필요한 영양분이 포함되어 있다는 사실을 혹시라도 잊지 않도록.

지금까지 '휴먼 스케일'이라는 말을 몇 번이나 사용했다. 사람이 편안함을 느낄 수 있는 스케일. 동료와 일체감을 가질 수 있는 스케일. 그리고 그 안에서 자유로울 수 있는 스케일…….

결국 휴먼 스케일의 진정한 의미는 이 '약속'과 '감사'라는, 어디에서나 흔히 들을 수 있지만 잊어서는 안 되는 두 가지 단어 안에 존재하는 것인지도 모른다.

# 종장.

후기를 대신해서

부산물이

행복감을 낳는다

지금까지 CCC라는 회사가 앞으로 실행하려는 일, 앞으로 갖추어 갈 모습에 대해 설명했다. 끝까지 읽어 주신 독자 여러분께 진심으로 감사를 드린다.

마지막으로, 이른바 '후기'를 대신하여 츠타야 주자부로 (蔦屋重三郎)의 이야기를 해 보고 싶다.

―――

츠타야 주자부로는 에도 시대(1603~1868) 중기에 살았던

한모토(版元), 요즘으로 치면 출판사 사장이다. 그는 산토
교덴(山東京傳: 에도 시대 후기의 우키요에 화가, 극작가. ─ 옮긴이)의
샤레본(洒落本: 에도 시대 중기에, 화류계의 놀이와 익살을 묘사한 풍속
소설책. ─ 옮긴이), 기타가와 우타마로(喜多川歌麿: 에도 시대의
우키요에 화가. ─ 옮긴이)나 도슈사이 샤라쿠(東洲齋寫樂: 에도
시대의 우키요에 화가. ─ 옮긴이)의 우키요에(浮世繪: 에도 시대에
서민 계층을 기반으로 삼아 발달한 풍속화로 목판화가 많다. ─ 옮긴이)
등을 출판했다. 그뿐 아니라 다키자와 바킨(瀧澤馬琴: 에도 시대
후기에 활동한 유명 작가. ─ 옮긴이)이나 짓펜 샤잇쿠(十返舍一九:
에도 시대 후기의 극작가, 우키요에 화가. ─ 옮긴이) 등 후세에 길이
남은 작품을 쓴 작가들도 젊은 시절에는 주자부로의 지원을
받았다고 한다. 즉, 그는 예술가들의 재능을 간파하는 독특한
혜안을 갖춘 출판 프로듀서이기도 했다.

　　지금부터 약 30년 전에 내가 '츠타야서점 히라카타점'을
창업한 이후, 오늘에 이르기까지 "TSUTAYA라는 이름은
츠타야 주자부로에게서 따온 것입니까?"라는 질문을 정말
자주 들었다. (앞에서 설명한 것처럼) 할아버지가 운영했던 유흥
주점의 이름에서 따온 것이며, 당시까지만 해도 난 츠타야
주자부로에게 달리 관심을 가지고 있지 않았다. 하지만
TSUTAYA가 전국으로 퍼져 나가면서 츠타야 주자부로의

이름이 사람들의 의식 속에 자리를 잡게 된 것은 사실이다.

그리고 '다이칸야마 츠타야서점'을 개점하면서부터 에도 시대의 이 천재 프로듀서에 대해 흥미를 느끼기 시작했다. '컬처 인프라를 만든다.'라는 테마를 바탕으로 전개해 온 TSUTAYA의 사업이 하나의 결실을 맺게 된 상황에서 왠지 주자부로가 했던 일과 나의 사상 사이에 공통점이 있는 듯한 느낌이 들었기 때문이다.

사실 주자부로 이전에도, 예를 들면 마쓰오 바쇼(松尾芭蕉: 에도 시대 전기의 하이쿠 작가. 하이쿠는 유머러스한 와카의 한 형식으로 주로 사계절과 남녀 간의 사랑을 노래하는 일본의 정형시다. ─ 옮긴이)처럼 눈에 띄는 프로듀스 능력을 보여 준 문화인은 존재했다. 바쇼의 제자인 무카이 교라이(向井去來: 에도 시대 전기의 하이쿠 작가. ─ 옮긴이)가 집필한 『교라이쇼』(去來抄: 무카이 교라이가 바쇼에게서 들은 이야기, 바쇼의 문하생들 사이에 이루어진 논의, 하이쿠를 지을 때의 마음가짐 등을 정리한 책. ─ 옮긴이)에는, 스승(바쇼)이 문하생들의 작품집 출판을 기획하고 제작하는 과정에서 교정을 보았는데, 여행지에서 문득 교정 작업에 실수가 있었다는 사실을 깨닫고 크게 당황하여 "인쇄에 들어갔다면 즉시 인쇄를 중단하라."라고 연락을 했다는 내용 등이 담겨 있다. 바쇼가 지닌 프로듀서로서의 측면을 어느 정도 헤아려 볼 수 있는 부분이다. 하지만 바쇼는 그 스스로 천재적인 예술가였고 프로듀스 능력은 하이쿠라는 한정된 분야에서만 발휘됐다.

주자부로는 다르다. 그는 소설이나 회화, 나아가 현대 사회에 비유해 보자면 입문서나 가이드북까지 장르를 가리지 않고 달려들었다. 그는 사람들에게 문화를 전달하기 위해 노력했고, 결국 눈부신 성공을 거두었다는 점에서 이전의 출판인이나 문화인과는 차이를 보인다. 역사상의 위인들과 나를 비교하는 것 같아 송구하지만 영화·음악·서적을 하나로 뭉뚱그려 라이프 스타일을 제안하는 TSUTAYA를 창업한 나의 착상과 그들의 생각은 매우 비슷한 듯싶다.

그런 친근감이 들어 요즘 나는 시간이 날 때마다 주자부로에 관해 생각하거나 조사하고 있다. 그 과정에서 다양한 사실들을 알 수 있었다. 주자부로가 경영했던 서점 겸 출판사 '고쇼도'(耕書堂)가 니혼바시(日本橋)에 있었다는 것. 원래는 요시와라(吉原) 출신이며 본가는 유흥 주점을 운영했다는 것. 첫 사업은 요시와라 입구 근처에 문을 연 서적 대여와 서적 판매를 함께하는 '츠타야 요시와라점'이었다는 것.

알면 알수록 나와 겹치는 부분이 제법 많다는 데에 깜짝 놀랐다. 최근에는 남처럼 느껴지지 않을 정도다. 츠타야

주자부로가 렌털과 판매를 조합한 사업의 출발점이었다는 사실을 알고 나니, 내가 아무리 "TSUTAYA라는 상호는 츠타야 주자부로에게서 따온 것이 아닙니다."라고 말해도 아무도 믿지 않을 것 같다는 느낌이 들었다.

———

그런 주자부로의 이름과 함께 역사에 남아 있는 것이 기타가와 우타마로나 도슈사이 샤라쿠의 우키요에다. 일본이 세계에 자랑하는 대중 예술. 이만큼 고품질의 판화들이 대량으로 제작되고 시중에 침투한 예는 우키요에 이외에는 전 세계적으로 어디에서도 찾아볼 수 없다.

그리고 이 기적의 판화들은 멀리 유럽 예술에도 막대한 영향을 끼쳤다. 모네를 비롯한 인상주의 화가들이 우키요에에 매료됐었다는 건 이미 잘 알려진 사실이다. 예컨대 드뷔시의 교향시 「바다」도, 가쓰시카 호쿠사이(葛飾北齋: 에도 시대 후기의 우키요에 화가. ─ 옮긴이)의 「가나가와오키나미우라(神奈川沖浪裏)」라는 우키요에에서 힌트를 얻어 작곡한 것이라고 한다. 회화뿐 아니라 음악에까지 폭넓은 영향을 끼쳤던 것이다.

이 우키요에가 유럽에서 인기를 얻게 된 데에는 재미있는 일화가 있다. 우키요에가 유럽에 유입될 당시만 해도 무역업자들 사이엔 그 그림을 수출하려는 의식 따윈 전혀 없었던 듯하다. 그들이 수출에 주력했던 물품은 도자기였다. 그러나 도자기는 깨지기 쉬운 물건이기 때문에 배편으로 운송하려면 포장을 해야 한다. 그 포장지로 사용된 것이 우키요에였다는 것이다.

우키요에는 에도 시대에 대량으로 인쇄되었다. 그런 의미에서 이른바 대중문화의 산물이다. 특별히 액자로 장식해 감상하는, 고상한 예술이 아니었기 때문에 무역업자의 입장에서 보면 적당한 포장지였을 것이다. 판화이니까 인쇄할 때마다 당연히 실수도 발생한다. 그런 불량품은 아마 공짜로 입수할 수 있었을지도 모른다. 어쨌든 그런 이유에서 아리타(有田)나 이마리(伊万里)의 도자기를 감싼 우키요에는 바다를 건넜고, 일본인이 알지도 못하는 장소에서 자포니슴을 일으켜 전 세계 예술의 역사를 바꿔 놓았다. 생각해 보면 신기한 이야기다. 어느 누구도 의도한 일이 아니다. 우키요에 붐은 본래 도자기 수출의 부산물에 지나지 않았던 것이다.

이 '부산물'이라는 것에 대해서도 최근에 자주 생각해 보게 되었다. 유럽에서 일어난 우키요에 붐처럼 본디 그런 의도가 아니었는데 우연히 발생한 일이 우리의 삶을 바꾼다. 그런 반복과 축적에 의해 세상이 움직이는 것은 아닐까.

이런 생각을 하게 된 이유는, 내가 『지적자본론』에 다룬 내용의 대부분이 (나의 입장에서 보자면) 부산물이기 때문이다. 앞으로의 비즈니스에서는 디자인이 중심적인 가치를 점하게 될 것이라는 인식도, 또 '편안함'을 바탕으로 상업 시설에 이노베이션을 일으키리라는 발상도, 전부 '다이칸야마 츠타야서점'의 완성이 내게 안겨 준 부산물이다.

'다이칸야마 츠타야서점'을 개점했을 때, 결코 대대적인 선전을 한 것도 아닌데 놀라울 정도로 많은 분들이 찾아 주셨다. 그렇다, 정말 깜짝 놀랐다. 그리고 왜 이런 현상이 나타났는지 생각해 보았다. 왜 이렇게 많은 사람들이 이곳에 모이는 것일까, 그들은 무엇을 원하는 것일까?

그래서 내린 결론이, 디자인의 인력(引力)이고 편안함의 효용이었다. 사람들은 그 건축이나 내장(內裝), 나아가 진열되어 있는 서적의 디자인에서 내가 생각했던 것 이상의 가치를 발견하고 찾아 주었다. 또 서점 부지에 서 있는 느티나무 사이를 지나는 바람이나 산책로에 비쳐 드는 햇살 속에서 내가 바랐던 것 이상의 편안함을 느끼고 만끽해 주었다는 생각이 든다. 그런 의미에서 볼 때, '다이칸야마 츠타야서점'은 내가 30년 전에 세운 기획이 이룬 하나의 도달점인 동시에 앞으로 미래를 향해 나아갈 새로운 출발점이 되었다고 말할 수 있다.

———

덧붙여, CCC의 형태적 변혁 역시 '다이칸야마 츠타야서점'이 안겨 준 부산물이었는지도 모른다.

나는 회사를 분사화해 재편한다는 결단을 내릴 때, '휴먼 스케일'이라는 말을 강하게 의식했다. 휴먼 스케일에 대응하는 회사를 만들고 싶다, 그 안에서 사람들 각자가 자유롭게 능력을 발휘할 수 있는 환경을 정비하고 싶다.

사실 휴먼 스케일이라는 개념은, 건축 용어로서 나를 찾아왔다.

'다이칸야마 츠타야서점'을 포함하는 '다이칸야마 T-SITE'의 개발에는 TSUTAYA의 역사에 비춰 봐도 '처음'인 것들이 다수 포함되어 있다. 그중 하나가 건축의 제안과 기획이다. 지금까지는 TSUTAYA의 매장을 만들 때, 담당 건축가가 처음부터 정해져 있었다. 그러나 다이칸야마에서는 프로젝트에 흥미를 느끼는 건축 사무소 직원들을 한자리에 불러, 그 콘셉트와 철학을 설명해 주고 건축 계획안을 모집했다. 이제는 클라우드 시대라고 생각했기 때문이다. 시공주와 건축가가 처음부터 1대 1로 마주 앉아 논의하고 계획을 구체화하는 것보다(그런 상황이 당연히 존재한다고 해도) 우수한 건축가들에게 병렬적으로 아이디어를 듣는 방법을 통해 보다 큰 성과를 얻을 수 있으리라고 생각했기 때문이다.

　이런 제안과 기획의 성과는 『11ARTS』라는 한 권의 책으로 정리해 두었다. 결국 그런 제안과 기획을 거쳐 '다이칸야마 츠타야서점'의 설계를 담당하게 된 업체는 '클라인 다이섬 아키텍처'였다. 그리고 휴먼 스케일이라는 말은 그들을 통해 알게 됐다.

———

　그들은 일관적으로 "편안(comfortable)한 공간을 만들고 싶다."라고 말했다. 그렇다, 바로 편안함이다. 그리고 그것을 실현하려면 휴먼 스케일이 중요하다는 말도 덧붙였다.

지금 옛 야마테(山手) 거리 옆에 위치한 '다이칸야마 츠타야서점' 앞에 서 보면, 이 건축물이 지닌 한 가지 특징을 깨달을 수 있다. 전체를 전망할 수 없다는 것이다. '다이칸야마 츠타야서점'은 1호관에서 3호관까지 세 개의 건물로 이루어져 있는데, '클라인 다이섬 아키텍처'는 각 건물의 가장자리 위치를 미묘하게 어긋나게 해서 사각지대를 만들었다. 그 때문에 방문객의 눈에는 항상 '부분'밖에 보이지 않는다. 개점 직후부터 다양한 매체들이 이곳을 취재하고자 찾아왔다. 그때마다 "전체를 촬영할 수 있는 장소는 없습니까?"라고 물었는데, 나는 그저 "없습니다."라고 말하며 쓴웃음을 짓는 수밖에 없었다.

거대한 규모의 상점을 조성할 수 있는 상황에서 왜 군이 수고를 더하면서까지 전체적인 모습을 볼 수 없도록 힘들게 배치한 것일까. '클라인 다이섬 아키텍처'는 그 이유에 대해 '공간을 휴먼 스케일로 만들기 위해서'라고 설명했다.

아스트리드 클라인 씨는 내게 이렇게 말했다.

"사람은 너무 넓은 공간에 방치되면 불안해집니다."

그 말이, 내게는 하나의 힌트가 되었다. 사람이 편안하게 있을 수 있는 공간, 휴먼 스케일 공간이라는 것이 존재한다면 그 사고방식을 조직에도 적용할 수 있지 않을까. 사람이 조직 안에 매몰되는 일 없이 자유롭게 능력을 발휘할 수 있는 스케일이 존재하지 않을까.

　나의 그런 생각은 매일 '다이칸야먀 츠타야서점' 내부를 돌아다니며 방문객들의 표정을 살펴보는 과정을 통해 더욱 육성되었다. 매장 곳곳엔 테라스와 라운지가 설치되어 있는데, 거의 매일 그곳에 찾아와 일을 하는 사람도 많았다. 이곳이 그들에게 창조성을 자극하는 공간으로서 작용하고 있다는 사실을 분명히 확인할 수 있었다. 그렇다면 회사 안에도 이것을 재현해 보자고 나는 결단을 내렸다.

———

　자신이 만든 결과물 중에서 의도한 것 이상의 결과물이 탄생하고, 그것이 또 새로운 결과물을 낳는다.

　나는 1983년에 '츠타야서점 히라카타점'을 만들었다. 그 이후, 사고방식을 바꾼 적은 거의 없다. 30여 년 전에 작성한 '창업 의도'는 현재 내가 펼치고 있는 사업과 그대로 맞아떨어진다. 시종일관 바뀌지 않았고 흔들리지 않았다.

　그러나 그와 동시에, 다양한 부산물에 힘입어 사업이 추진되어 온 것 또한 사실이다. 바뀌지는 않았지만 첨가된 것은 있었다. 전향은 없었지만 전개는 있었다. 발견이 없으면 인생은

지적자본론

재미없다.

내가 생각하기에 부산물은 무엇인가를 만들어 낸 사람에게만 주어진다. 당연하다. 산물이 없으면 부산물도 없다.

부산물을 행운으로 치환할 수도 있다. 의도한 것 이상의 결과물을 만날 수 있다는 행운. 그것은 무엇인가를 이루어 낸 사람에게만 주어진다. 0에는 아무리 무엇을 곱해도 0이다. 1을 만들어 내야 비로소 새로운 결과를 얻을 수 있다.

1983년, 퇴직금의 절반에 해당하는 100만 엔을 종잣돈으로 32평 규모의 상점을 열었다.(나머지 절반은 가족에게 건넸다.) 그것이 나의 '1'이었다. 그리고 지금 TSUTAYA는 1400개가 넘는 매장을 보유하고 있고, T회원 수는 약 5000만 명에 이른다.

이 책이 모든 독자 여러분에게, 특히 장차 비즈니스를 시작하려는 젊은이들에게 각자 자기만의 '1'을 만들어 내는 계기로 작용할 수 있다면, 저자로서는 의미 있는 일을 해냈다는 자긍심을 느낄 수 있을 듯싶다.

──1982년 마스다 무네아키는 '젊은이들에게 라이프 스타일을
제안하자!'라는 기획을 세우고, 오사카 부 히라카타 시 히라카타 역 앞 건물
5층에 커피숍 겸 임대 레코드 상점 LOFT를 오픈. TSUTAYA 창업의 기초가 됨.

──1983년 3월 24일 TSUTAYA 창업. 오사카 부 히라카타 시에 '츠타야서점
히라카타점'을 오픈.

──1984년 오사카 부 스이타 시 에사카에 '츠타야서점 에사카점'을 오픈.
TSUTAYA와 카페, 사무실이 복합된 공간 설계를 선보임. 이러한 공간 설계
철학은 '다이칸야마 츠타야서점'과 연결되어 있음.

──1985년 9월 20일 컬처 컨비니언스 클럽 주식회사 설립.

──1994년 10월 도쿄 도 메구로 구에 '없는 비디오테이프는 없다.'를
콘셉트로 한 'TSUTAYA 에비스 가든플레이스점' 오픈.

——**1999년 7월** 인터넷을 이용한 서비스 'TSUTAYA online' 개시.

——**1999년 12월** 도쿄 시부야 하치코(ハチ公) 개찰구 교차로에 도시 생활을 제안하는 플래그십 스토어 'SHIBUYA TSUTAYA' 오픈.

——**2000년 4월** 도쿄 증권 마더스에 상장.

——**2002년 10월** 인터넷 택배 렌털 'TSUTAYA DISCAS'를 개시.

——**2003년 3월** 주식 상장 시장을 도쿄 증권 거래소 시장 제1부로 변경.

——**2003년 4월** 도쿄 도 미나토 구 '롯폰기힐스' 안에 'TSUTAYA TOKYO ROPPONGI'를 오픈. 스타벅스와 결합한 'BOOK & CAFE'를 제안.

——**2003년 10월** 공통 포인트 서비스 'T포인트' 개시.

——**2007년 2월** T회원 수가 2000만 명을 돌파.(주식회사 액티브 유니크 집계.)

—— **2007년 10월** T포인트와 T카드를 종합한 'T사이트' 서비스 개시.

——**2008년 6월** 디지털 텔레비전용 송신 사업 'TSUTAYA TV' 본격 전개.

——**2008년 8월** T회원 수가 3000만 명을 돌파.(주식회사 액티브 유니크 집계.)

——**2011년 7월** MBO를 실시, 도쿄 증권 거래소 시장 제1부에서 상장 폐지.

——**2011년 12월** 도쿄 도 시부야 구에 '다이칸야마 츠타야서점'을 핵심으로 하는 '다이칸야마 T-SITE'를 개업.

——**2012년 5월** T회원 수가 4000만 명을 돌파.(주식회사 액티브 유니크 집계.)

——**2012년 10월** T포인트 프로그램 운영 사업을 전개하는 새로운 회사로서 주식회사 'T포인트 저팬'을 설립.

——**2013년 4월** 사가 현 다케오 시의 '다케오 시립 도서관·역사 자료관'의 지정 관리자로서 새로운 도서관 서비스를 개시.

——**2013년 7월** 인터넷 엔터테인먼트 서비스 사업을 강화하기 위해 주식회사 'T-MEDIA 홀딩스'를 설립.

——**2013년 12월** 홋카이도 하코다테 시에 '하코다테 츠타야서점'을 오픈. '다이칸야마 츠타야서점'의 핵심을 로드사이드 모델(roadside model)로 삼아, 그것을 전국으로 전개하기 위한 첫 지점이 됨.

——**2014년 12월** 지주 회사(holding company) 제도를 도입, 분사화 예정.

——**2014년 12월** 가나가와 현 후지사와 시에 '다이칸야마 T-SITE'를 잇는 두 번째 프로젝트로서 '소난 T-SITE' 오픈 예정.

지적자본론

──**2015년 봄** 도쿄 도 세타가야 구에 가전제품을 중심으로 하는 새로운 상업 시설을 오픈 예정. 오사카 부 오사카 시에 '우메다 츠타야서점'을 오픈 예정.

TSUTAYA 매장 수: 1444개 지점(2014년 7월 말)
T회원 수: 4918만 명(2014년 7월 말)

CCC의 공간들

다케오 시립 도서관

컬처 컨비니언스 클럽 본사 사무실

하코다테 츠타야서점

다이칸야마 츠타야서점

## 다케오 시립 도서관

2013년 4월 1일부터 CCC가 이곳 도서관의 지정 관리자가 되면서 연중무휴, 아침 9시부터 저녁
9시까지 시민에게 열린 도서관으로 운영되고 있다. 20만 권의 장서를 거의 대부분 개가식으로 개방하여
방문객들이 도서관에 들어선 순간, 압도적인 규모의 '책의 숲'과 마주할 수 있도록 배려했다. 분류 방법도
일반적인 도서관에서 채용하고 있는 '일본 십진분류법'이 아닌, 요리나 여행 등 생활 속 언어를 사용하여

정성스럽게 장르별로 나눴다. 스타벅스와 신간 서적이나 잡지를 판매하는 '츠타야서점'까지 입점해 있는 '라이프 스타일 라이브러리'다. 인구 5만 명의 도시에서, 개관 13개월 만에 방문객 수가 100만을 돌파했다.

## 컬처 컨비니언스 클럽 본사 사무실

'기획 회사 사무실'을 가시화하는 실험을 해 본다는 생각으로 CCC가 입주해 있는 건물의 두 층을
개방했다. 1320제곱미터 규모의 위층을 전부 카페로 개조했고, 아래층은 사무실로 만들었다. 새로운 것을
창조하는 여백으로서 사치스러울 정도로 충분한 여유를 갖춘 공간에는 자연광이 한껏 비쳐 들어온다.
더불어 예술적 영감이 곳곳에 흩어져 있으며, 서적과 잡지에 둘러싸인 공간에는 커피 향이 감돈다.

카페는 점심을 제공할 뿐 아니라 아침 7시 30분부터 저녁 9시까지 참고 서적, 잡지를 마음껏 열람할 수 있다. 또한 노트북을 가지고 와서 업무를 보거나 상담을 하는 장소로도 이용할 수 있다. 사람을 고무시키는 자극과 자유가 가득한 사무실이다.

## 하코다테 츠타야서점

다이칸야마 츠타야서점의 정수를 지방 도시에서 전개하기 위한 1호점으로서 2013년 12월 5일 오픈.
육아 잡지 곁에 아동 그림책이, 그 옆에 장난감이 있고, 또 그 옆에 어린이 놀이터가 조성되어 있으며
그 어린이 놀이터는 다시 외부로 확장되어 공원과 이어진다…….. 이런 방식으로, 서적을 기점으로 삼아
라이프 스타일 제안을 확대시킨다. 매장에 설치된 난롯가에 사람들이 삼삼오오 모이고, 거의 매일

개최되는 각종 이벤트를 통해 지역 공동체가 활성화됐다. 이 프로젝트를 담당했던 관계자들은
'하코다테 츠타야서점 주식회사'라는 독립 회사를 따로 만들었다. 본사로부터 독립해 매장을 꾸리고
사원을 육성하는 '자유'를 선택한 것이다.

### 다이칸야마 츠타야서점

1983년에 창업한 TSUTAYA 1호점 '츠타야서점 히라카타점'의 이름을 이어받아 2011년 12월에 개업.
전 세계의 잡지를 모아 놓은 55미터 규모의 '매거진 스트리트'를 척추로 삼아, 각 부분에 요리, 여행, 디자인
등을 취급하는 전문 서점이 들어가는 형태로 설계했다. 느긋한 분위기의 카페와 중후한 취향이 느껴지는
라운지도 함께 조성했다. 이곳 매장은 '50대 이상의 성인'을 상대로 라이프 스타일을 제안해 보겠다는

모토에서 출발한 것이지만, 그 부산물로 편안하고 쾌적한 공간 디자인과 멋진 사람들이
모여드는 풍경이 탄생했다. '부산물' 자체가 독립적으로 가치를 평가받으면서 CCC는 기획 사업 영역을
크게 확대할 수 있었다.

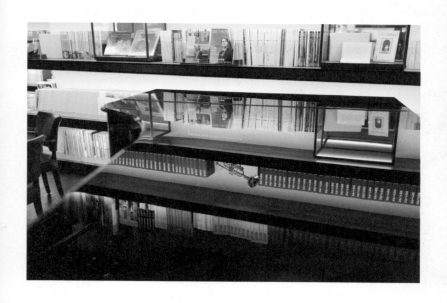

## 옮긴이 이정환

경희대학교 경영학과와 인터컬트 일본어 학교를 졸업했다. 리아트 통역과장을 거쳐, 현재 일본어 전문 번역가 및 동양 철학, 종교학 연구가, 칼럼니스트로 활동 중이다. 옮긴 책으로 다치바나 다카시의 『도쿄대생은 바보가 되었는가』, 히가시노 게이고의 『플래티나 데이터』, 하라 켄야의 『백』, 나가오카 겐메이의 『디자이너 생각 위를 걷다』, 구마 겐고의 『작은 건축』, 가토 다이조의 『내가 지금 이럴 때가 아닌데』 등 120여 권이 있다.

## 지적자본론
**모든 사람이 디자이너가 되는 미래**

1판 1쇄 펴냄   2015년 11월 2일
1판 31쇄 펴냄   2024년 7월 3일

지은이   마스다 무네아키
옮긴이   이정환
발행인   박근섭, 박상준
펴낸곳   (주)민음사

출판 등록 1966. 5. 19. 제16-490호
서울특별시 강남구 도산대로1길 62(신사동)
강남출판문화센터 5층 (우편번호 06027)
대표전화 02-515-2000  팩시밀리 02-515-2007
www.minumsa.com

ISBN 978-89-374-3223-1  03320

* 잘못 만들어진 책은 구입처에서 교환해 드립니다.